TRANSFORMAÇÃO DIGITAL

O GEN | Grupo Editorial Nacional – maior plataforma editorial brasileira no segmento científico, técnico e profissional – publica conteúdos nas áreas de ciências sociais aplicadas, exatas, humanas, jurídicas e da saúde, além de prover serviços direcionados à educação continuada e à preparação para concursos.

As editoras que integram o GEN, das mais respeitadas no mercado editorial, construíram catálogos inigualáveis, com obras decisivas para a formação acadêmica e o aperfeiçoamento de várias gerações de profissionais e estudantes, tendo se tornado sinônimo de qualidade e seriedade.

A missão do GEN e dos núcleos de conteúdo que o compõem é prover a melhor informação científica e distribuí-la de maneira flexível e conveniente, a preços justos, gerando benefícios e servindo a autores, docentes, livreiros, funcionários, colaboradores e acionistas.

Nosso comportamento ético incondicional e nossa responsabilidade social e ambiental são reforçados pela natureza educacional de nossa atividade e dão sustentabilidade ao crescimento contínuo e à rentabilidade do grupo.

Fábio Roberto Borges

TRANSFORMAÇÃO DIGITAL

UM GUIA PRÁTICO
PARA LIDERAR EMPRESAS
QUE SE REINVENTAM

CASOS

CONTEÚDOS EXCLUSIVOS

VÍDEOS

CANVAS DE TRANSFORMAÇÃO DIGITAL

PREFÁCIO DE
Gustavo Caetano

atlas

- O autor deste livro e a editora empenharam seus melhores esforços para assegurar que as informações e os procedimentos apresentados no texto estejam em acordo com os padrões aceitos à época da publicação, *e todos os dados foram atualizados pelo autor até a data da entrega dos originais à editora.* Entretanto, tendo em conta a evolução das ciências, as atualizações legislativas, as mudanças regulamentares governamentais e o constante fluxo de novas informações sobre os temas que constam neste livro, recomendamos enfaticamente que os leitores consultem sempre outras fontes fidedignas, de modo a se certificarem de que as informações contidas no texto estão corretas e de que não houve alterações nas recomendações ou na legislação regulamentadora.

- Data do fechamento do livro: 10/08/2021

- O autor e a editora se empenharam para citar adequadamente e dar o devido crédito a todos os detentores de direitos autorais de qualquer material utilizado neste livro, dispondo-se a possíveis acertos posteriores caso, inadvertida e involuntariamente, a identificação de algum deles tenha sido omitida.

- **Atendimento ao cliente:** (11) 5080-0751 | faleconosco@grupogen.com.br

- Direitos exclusivos para a língua portuguesa
  Copyright © 2021 by
  Editora Atlas Ltda.
  Uma editora integrante do GEN | Grupo Editorial Nacional
  Travessa do Ouvidor, 11
  Rio de Janeiro – RJ – 20040-040
  www.grupogen.com.br

- Reservados todos os direitos. É proibida a duplicação ou reprodução deste volume, no todo ou em parte, em quaisquer formas ou por quaisquer meios (eletrônico, mecânico, gravação, fotocópia, distribuição pela Internet ou outros), sem permissão, por escrito, da Editora Atlas Ltda.

- Capa: Manu | OFÁ Design

- Editoração eletrônica: Karen Ameomo

- Ilustração/charges: Admir Roberto Borges

CIP-BRASIL. CATALOGAÇÃO NA PUBLICAÇÃO
SINDICATO NACIONAL DOS EDITORES DE LIVROS, RJ

B731t

    Borges, Fábio Roberto
    Transformação digital: um guia prático para liderar empresas que se reinventam / Fábio Roberto Borges. – 1. ed. – Barueri [SP]: Atlas, 2021.

    Inclui bibliografia e índice
    ISBN 978-85-97-02741-9

    1. Administração de empresas - Inovações tecnológicas. 2. Desenvolvimento organizacional. 3. Sucesso nos negócios. I. Título.

21-71982   CDD: 658.514
                                                                             CDU: 005.591.6

Meri Gleice Rodrigues de Souza – Bibliotecária – CRB-7/6439

Para Izabella, minha esposa amada, que forma comigo uma estrutura sólida e invencível.

Ivana, minha amada filha, que me faz querer ser melhor a cada dia.

*"A experimentação requer uma cultura onde você pode falhar.
Onde falhar é um bom sinal, que aponta para o aprendizado,
que aponta para a mudança."*

Alexander Osterwalder

SOBRE O AUTOR

Fábio Roberto Borges é considerado um dos principais pensadores do país no campo de marketing e negócios digitais, sendo um profissional requisitado, tanto no Brasil como nos Estados Unidos, para liderar iniciativas de experimentação *on-line* e de transformação digital.

Professor de Administração na Universidade Federal de Minas Gerais (UFMG), ranqueada como uma das cinco melhores universidades da América Latina, pela *The Times Higher Educacion* (THE), é responsável também por disciplinas que abordam temáticas de marketing digital, *design thinking* e inovação em modelos de negócios. É doutor em Administração pela UFMG, na área de Marketing e Estratégia.

Sócio da agência Supersonic, maior referência no país em Otimização da Conversão (em inglês, *Conversion Rate Optimization* – CRO). Liderou projetos de CRO, no Brasil e nos Estados Unidos, para dezenas de grandes empresas (integrantes da lista da *Fortune 500*), – tais como Oracle, Paychex, Whirlpool, TOTVS e Localiza, e em *startups* e nativas digitais, tais como 99, Samba Tech, Rock Content e RD Station.

É uma voz ativa na difusão do conhecimento e de práticas de negócios com processos de decisão baseados em dados e na experimentação contínua de ideias inovadoras, tanto em seu canal no YouTube (www.youtube.com/c/FábioRobertoBorges) como nas suas palestras e *workshops* que já conduziu no Brasil e nos Estados Unidos.

PREFÁCIO

Davi *vs*. Golias

Estamos vivendo um momento único em que, pela primeira vez na história, o pequeno passa a ter condições reais de vencer os gigantes da indústria, parecido com o que aconteceu na batalha de Davi *vs*. Golias.

Segundo a Sagrada Escritura, Davi era um jovem que, um dia, ouviu os insultos de Golias, um enorme guerreiro filisteu, que usava capacete de bronze, uma coura-ça muito pesada no corpo, escudo e lança. Parado diante de seus inimigos, Golias fez um desafio: "Se tiver um jovem capaz de batalhar comigo e me matar, nós desistire-mos das terras e seremos vossos servos. Caso contrário, vós sereis nossos súditos e irão nos servir".

Quando ouviu aquilo, Davi foi até o Rei Saul e disse que gostaria de enfrentar Golias. O Rei ficou muito preocupado, porém, ao ver tanta certeza e determinação por parte de Davi, o autorizou. Saul ofereceu todo o seu arsenal de armas, mas Davi, cujo único ponto forte era a velocidade, dispensou a proteção, pois o deixaria lento e vulnerável e partiu levando apenas um cajado, cinco pedras no alforje e sua arma manual: uma funda.

O resto da história vocês já conhecem, mas o interessante é que o mesmo movimento está acontecendo hoje no mercado. Não estamos mais vivendo na era dos grandes contra os pequenos, mas das empresas ágeis contra as lentas. Além disso, os novos entrantes não querem mais lutar de igual pra igual com as empre-sas consolidadas. Eles analisam onde os grandes são ineficientes, e atacam nesse ponto. Foi exatamente o que Nubank, Creditas, Stone, XP e Toro fizeram no mer-cado financeiro.

Em 2020, criamos a Samba Digital, unidade de negócios da Sambatech focada em transformação digital, que tem ajudado empresas de vários segmentos nos desafios da mudança. Uma das nossas crenças é de que muitas empresas falham nesse processo porque gastam quase 100% do seu tempo e esforço com a manutenção e melhoria do *core business*, ou seja, com o negócio atual (horizonte 1). Porém, deveriam alocar tempo e recursos em horizontes um pouco mais distantes (horizonte 2 e horizonte 3), que podem se transformar no *core* em alguns anos. A distribuição ideal, na maioria dos casos, seria 70% do investimento no horizonte 1 (manter e melhorar o *core*), 20% no horizonte 2 (expandir o *core*, com produtos e serviços próximos do que já é feito hoje) e 10% no horizonte 3 (testar e escalar o que ainda é desconhecido – novos modelos de negócio, tecnologias e produtos que inclusive podem substituir o *core business* no futuro).

O mais importante nessa história toda é entendermos que o sucesso que trouxe o seu negócio até aqui não é certeza de que o levará até muito mais longe se você não tiver vontade e tempo para experimentar o que ainda não conhece.

Gustavo Caetano
CEO e Founder da SambaTech, *Board member* da UAUBox Brasil e do Instituto Ayrton Senna, *Advisory Board* da C&A, sócio na Raccoon Marketing Digital e na Dito Internet – o "Mark Zuckerberg brasileiro", de acordo com a *Business Insider*.

AGRADECIMENTOS

Agradeço primeiramente a Deus, que providenciou um caminho sensacional de experiências que culminaram neste livro.

Agradeço enormemente à Izabella, minha esposa amada e incrível profissional de marketing, que leu um a um os capítulos deste livro antes mesmo de a "tinta secar". Suas críticas e incentivos foram o combustível para que eu continuasse seguindo adiante.

Agradeço ao meu pai, que foi um parceiro incrível e minha grande referência.

Agradeço à minha mãe, minha maior base de apoio, por acreditar em mim sob qualquer circunstância.

Agradeço aos meus sócios, Filipe Reis, Rafael Damasceno e Márcio Pinheiro, por me embarcarem nessa jornada incrível chamada Supersonic e me ajudarem a me transformar no profissional que me tornei.

Agradeço ao meu eterno orientador, Prof. Ricardo Veiga, por ter me formado pesquisador e ter estado ao meu lado sempre que precisei.

Agradeço a todos os clientes que atendi durante esses anos, que me permitiram mergulhar na realidade de seus negócios e me deram a abertura para transformá-los, em menor ou maior escala.

Agradeço a você, leitor, por acreditar que este livro pode mudar sua realidade. Espero realmente que assim seja!

RECURSOS DIDÁTICOS

Para facilitar o aprendizado, este livro conta com os seguintes recursos didáticos:

- Qr Codes com:
    - ✓ *Links* diversos para conteúdos adicionais.
    - ✓ Vídeos e informações complementares sobre os *cases*:
        - Localiza Fast e o aluguel de carro sem filas.
        - O Boticário e SAP na busca pela Gôndola Inteligente.
        - Pollux e a oferta de *Robots as a Service*.
        - Toledo do Brasil e uma balança nas nuvens.

Material Suplementar

Este livro conta com os seguintes materiais suplementares:

- Questionário sobre vantagens competitivas a partir de tecnologias digitais (com PIN);
- Canvas de transformação digital (com PIN);
- *Card* de ideia de inovação (com PIN);
- *Card* de esboço de experimento (com PIN);
- Vídeos do autor explicando cada parte do livro.

O acesso ao material suplementar é gratuito. Basta que o leitor se cadastre e faça seu *login* em nosso *site* (www.grupogen.com.br), clique no *menu* superior do lado direito e, após, em GEN-IO. Em seguida, clique no *menu* retrátil ▤ e insira o código (PIN) de acesso localizado na orelha deste livro.

O acesso ao material suplementar online fica disponível até seis meses após a edição do livro ser retirada do mercado.

Caso haja alguma mudança no sistema ou dificuldade de acesso, entre em contato conosco (gendigital@grupogen.com.br).

GEN-IO (GEN | Informação Online) é o ambiente virtual de aprendizagem do GEN | Grupo Editorial Nacional

SUMÁRIO

Introdução .... **XXI**

PARTE 1 – O QUE É A TRANSFORMAÇÃO DIGITAL 1

CAPÍTULO 1. Transformação digital 3

Localiza Fast e o aluguel de carros sem filas 8

CAPÍTULO 2. Por que a transformação digital é imperativa? 11

Apple Watch e a indústria suíça de relógios 12

CAPÍTULO 3. *Digitization*, digitalização e transformação digital 15

CAPÍTULO 4. O que não é transformação digital 21

CAPÍTULO 5. O que é transformação digital 23

O Boticário e SAP na busca pela Gôndola Inteligente 24

Nike Adapt une conforto, estilo e tecnologia 26

Disney+ e a magia ao controle das mãos 27

PARTE 2 – LIDERE A TRANSFORMAÇÃO DIGITAL 29

CAPÍTULO 6. O papel da cultura da empresa na transformação digital .. 31

CAPÍTULO 7. Embarque o time na jornada de transformação 35

CAPÍTULO 8. Mapeie a relação atual com a tecnologia 39

CAPÍTULO 9. Instigue a curadoria de ideias e soluções 41

CAPÍTULO 10. Crie espaços de compartilhamento e estimule influenciadores digitais internos 43

CAPÍTULO 11. Reoriente o foco da empresa para o cliente 47

Méliuz e a inspiração vinda de uma cliente 48

CAPÍTULO 12. Utilize métodos (mais) ágeis 51

ING e a busca por se tornar uma instituição financeira ágil 51

CAPÍTULO 13. Valorize a experimentação e a falha 55

LEGO Forma e um novo teste de mercado para adultos 58

PARTE 3 – CANVAS DE TRANSFORMAÇÃO DIGITAL 61

CAPÍTULO 14. Por que um Canvas de transformação digital? 63

CAPÍTULO 15. O Canvas de transformação digital 65

CAPÍTULO 16. Direcionamento estratégico 67

IKEA Place App e a visualização de ideias e sonhos 70

CAPÍTULO 17. Novas tecnologias digitais 73

Pollux e a oferta de *Robots as a Service* 75

Hermes Pardini e a aventura da vacina 77

CAPÍTULO 18. Recursos e atividades-chave da empresa 81

Toledo do Brasil e uma balança nas nuvens 84

CAPÍTULO 19. Inspirações 87

Nestlé e um robô capaz de adoçar a vida 91

CAPÍTULO 20. Expectativas emergentes 95

RCHLO+, imprimindo sua moda 99

CAPÍTULO 21. Geração de ideias 103

Lennar e a casa inteligente 109

CAPÍTULO 22. Experimentos 113

A incubadora de tecnologia do Walmart 134

PARTE 4 – GUIA RÁPIDO DE TECNOLOGIAS EMERGENTES 139

CAPÍTULO 23. *Big data* 145

MRV e o mapeamento de terrenos 360° 149

Sumário XIX

CAPÍTULO 24. *Cloud computing* 151

Eleve Saúde e o consultório nas nuvens 154

CAPÍTULO 25. Internet das coisas 157

IZI Speak! e o poder do comando de voz 159

CAPÍTULO 26. Realidade estendida 161

Hilton, praticando empatia em uma realidade virtual 163

CAPÍTULO 27. Impressão 3D 165

Um castelo *maker*, com a Faber-Castell 167

CAPÍTULO 28. Inteligência artificial 169

NotCo: Maionese sem ovo e o orgulho de não ser igual 172

CAPÍTULO 29. Robôs autônomos 175

Um robô colaborativo no final da linha Natura EKOS 178

CAPÍTULO 30. Cibersegurança 181

JBS e o *blockchain* que promete proteger a Amazônia 188

PARTE 5 – COMO APLICAR OS CONCEITOS DE FORMA INTEGRADA 191

CAPÍTULO 31. Fazendo a transformação digital acontecer 193

CAPÍTULO 32. Criando rotinas de experimentação 195

CAPÍTULO 33. Lidando com a relutância 197

CAPÍTULO 34. Pensando na sua carreira 199

CAPÍTULO 35. Integrando cultura, Canvas e tecnologias 201

Referências 205

Índice alfabético 209

INTRODUÇÃO

Este livro foi pensado a partir das trincheiras do mercado, onde passei a maior parte da última década liderando dezenas de projetos de experimentação *on-line* para empresas de todos os portes e *startups* em diferentes níveis de desenvolvimento, no Brasil e nos Estados Unidos.

Entre muitos sucessos e algumas derrotas, minha visão foi ficando cada vez mais acurada sobre a natureza humana dentro dos negócios e como a inovação é dependente de uma cultura que incentiva as pessoas a se arriscarem fora de suas zonas de conforto. Vi muitos projetos promissores estagnarem por falta de apoio da liderança da empresa e, também, muitos outros entregarem grandes resultados porque uma ou duas pessoas realmente abraçaram a ideia e conseguiram envolver toda a equipe.

Ter doutorado em Administração me trouxe uma carga teórica que permitiu enxergar a inovação por meio de várias camadas que se interpõem entre o estado atual de um negócio e seus objetivos estratégicos. Com isso, tive a chance de refletir muito sobre como as teorias estratégicas se desdobram na prática, entre concessões que precisam ser feitas, o papel fundamental da liderança ao abraçar iniciativas e as pequenas resistências da rotina a serem vencidas.

Por essas razões, escrevi esta obra em uma posição privilegiada de ter ajudado dezenas de empresas a avançarem em suas estratégias digitais, sendo que a tarefa primordial em todas elas – e o legado que busquei deixar – foi de criar uma cultura que valoriza o erro, incentiva a experimentação e que busca, incansavelmente, adicionar valor em tudo que entrega ao cliente. Este livro é o resultado do meu aprendizado prático, temperado com a minha bagagem acadêmica.

A transformação digital representa um processo imperativo para os negócios que querem continuar relevantes na sociedade em que vivemos. Simplesmente, não há espaço para estagnação. Uma *startup* do outro lado do mundo, neste exato instante, está trabalhando de forma ágil para acabar com seu negócio, substituindo-o por uma solução que utiliza tecnologias emergentes para entregar mais valor ao seu cliente e, ainda, reduzir custos de operação. Não importa qual seja seu mercado, não tenho receio de dizer que esta é a realidade. E o que você está fazendo todos os dias não somente para defender sua fatia do mercado, mas também para abocanhar uma parte maior?

Muitos empresários e líderes argumentam que o problema está na falta de recursos para investir, na falta de pessoal qualificado para contratar, na falta de tempo para novos projetos, no baixo amadurecimento do mercado nacional, entre outras tantas faltas que se pode encontrar. Eu diria que nenhuma dessas justificativas é suficiente para impedir a inovação quando sobra vontade. Neste livro, vou mostrar que as únicas barreiras entre um negócio como é hoje e sua melhor versão em processo de transformação digital são a vontade de inovar e o conhecimento de ferramentas para direcionar essa vontade da melhor forma possível. Esta obra pretende passar conhecimento, mostrar ferramentas, discutir casos e mais casos, de modo a tornar sua cadeira um lugar desconfortável demais para ficar assistindo um mundo que se transforma sem ter um papel ativo em sua transformação.

Na Parte 1 deste livro, vamos destrinchar o que é transformação digital e trabalhar sua capacidade de discernir o que são ou não iniciativas que podem, de fato, levar um negócio a outro patamar competitivo. Vamos também compreender como a transformação digital pode ser trabalhada a partir de otimizações que confiram maior eficiência à operação, à reformulação e à geração de novas ofertas até o desenvolvimento de modelos de negócios totalmente novos, com exemplos mostrando cada uma dessas possibilidades.

Na Parte 2, vamos trabalhar naquilo que, para mim, é essencial em qualquer iniciativa de transformação digital: a cultura de um negócio. Depois de definir de maneira cristalina o que é, afinal, a cultura dentro de uma empresa, vamos ver um passo a passo para, aos poucos, preparar um solo fértil para a inovação dentro da empresa. O objetivo desses passos é formar uma equipe e um ambiente em que a inovação transborde das pessoas e que haja uma vontade abundante de transformar o negócio e de testar a incorporação de novas tecnologias em suas atividades.

Na Parte 3, é apresentado o Canvas de transformação digital. Como grande entusiasta de ferramentas de *design thinking*, grande parte do meu tempo desenvolvendo este livro foi investido em pensar um instrumento que pudesse ser um catalisador de ideias para a transformação digital. Em todas as experimentações que fiz com esse Canvas, os envolvidos foram capazes de gerar ideias aplicáveis quase que insondáveis antes do contato com o modelo. Estou entusiasmado para apresentar esse instrumento e ansioso para que você o coloque sobre a mesa ou em uma parede e chame seu time para utilizá-lo como uma máquina de gerar ideias e experimentos.

Na Parte 4, apresento uma visão geral das tecnologias emergentes que formam os pilares da Indústria 4.0. Você irá entender como cada uma delas funciona e, também, a interface entre elas. A ideia é que *big data*, *blockchain*, internet das coisas, nada disso seja um mistério e que você possa não só discutir sobre tais tecnologias, como vislumbrar a adequação de cada uma delas na visão de futuro para seu negócio.

Na Parte 5, reflito brevemente sobre como aplicar os conceitos e instrumentos que foram vistos até então, aconselhando sobre como encontrar o melhor caminho para fazê-lo.

Ao longo do livro, são apresentados casos reais de empresas que estão realizando a transformação digital em suas operações, ofertas e modelos de negócios. Muitos são exemplos de iniciativas que estão acontecendo no Brasil, neste exato instante, para desmistificar a ideia de que a transformação digital é algo distante de nosso mercado. Refletir sobre esses casos nacionais, e o fato do próprio autor ser um profissional atuante tanto no Brasil quanto nos Estados Unidos, constitui uma grande vantagem desta obra sobre outros títulos escritos para uma realidade puramente estrangeira, e você sentirá isso em cada um dos capítulos.

O Canvas de transformação digital está disponível no *website* do GEN, assim como materiais suplementares que vão ampliar sua experiência com o modelo aqui proposto.

Espero que a leitura deste livro o inspire a querer, antes mesmo de terminá-lo, ser um grande vetor de transformação. E que isso tenha um impacto extremamente positivo em sua empresa, em sua equipe e, por fim, na abundância de realizações e recompensas que a inovação pode trazer para sua vida.

PARTE 1

O QUE É A TRANSFORMAÇÃO DIGITAL

Assista ao vídeo exclusivo para esta parte.

Capítulo 1. Transformação digital
Capítulo 2. Por que a transformação digital é imperativa?
Capítulo 3. *Digitization*, digitalização e transformação digital
Capítulo 4. O que não é transformação digital
Capítulo 5. O que é transformação digital

Nesta Parte 1, as seguintes questões serão abordadas:

1. O que significa transformação digital?
2. Por que a transformação digital vem sendo tão discutida agora?
3. Como posso identificar iniciativas que são ou não condizentes com o processo de transformação digital?
4. Quais casos são representativos da transformação digital em operações, ofertas e modelos de negócios?

CAPÍTULO 1

TRANSFORMAÇÃO DIGITAL

Neste capítulo, vamos direto ao ponto definindo o que é a transformação digital e mostrando exemplos e casos práticos sobre como ela é aplicada.

Transformação digital é o processo contínuo de reimaginar as formas que uma empresa cria e entrega valor para atender às necessidades dos consumidores utilizando tecnologias digitais.

Vamos fatiar essa definição e compreender mais profundamente cada um de seus conceitos:

- ✓ *Iniciativa de transformação digital*: a iniciativa de realizar a transformação digital começa a partir de uma mudança de modelo mental, mais aberto à experimentação com novas tecnologias e, principalmente, a partir da liderança. Desde o início, essa iniciativa precisa se tornar um elemento-chave da estratégia e prática do negócio, e deve se cristalizar por meio de uma mudança cultural que permeie toda organização.

- ✓ *Processo contínuo*: a transformação digital não pode ser medida por um percentual, em que se alcançados 100% a empresa então irá encerrar tal iniciativa. As tecnologias continuam avançando e novas formas de explorá-las vão surgir todos os dias em mercados mais ou menos distantes de cada negócio. Como processo contínuo, a transformação digital deve se tornar parte indissolúvel da forma como a empresa atua e, gradativamente, se tornar invisível como iniciativa e se identificar mais como um traço essencial da prática do negócio.

- ✓ *Reimaginar formas de criar e entregar valor para atender às necessidades do consumidor*: a bússola para a transformação digital deve apontar sempre para o consumidor e as formas como suas necessidades são manifestadas em desejos e expectativas emergentes. Por exemplo, se pensarmos nas necessidades sociais dos consumidores, quando surgiu o telefone fixo, as pessoas passaram a ter o desejo de se comunicar a distância por meio da voz e, então, a demandar esse produto; depois, quando a internet se popularizou, utilizar mensageiros instantâneos passou a ser objeto de desejo do consumidor para satisfazer essas mesmas necessidades sociais. Assim, as maneiras pelas quais o consumidor deseja satisfazer suas necessidades evoluem com o tempo, e o avanço da tecnologia vai criando expectativas emergentes acerca de como as empresas podem satisfazê-las. Ter canais abertos de escuta e diálogo com o consumidor entendendo profundamente como suas necessidades se manifestam confere à empresa maior capacidade para antecipar e imaginar como ela pode entregar cada vez mais valor, ou seja, entregar produtos nos quais o consumidor extrai mais e mais benefícios a partir do uso.

✓ *Utilizando tecnologias digitais*: as formas reimaginadas de entregar valor não necessariamente precisam ser complexas, mas o ideal é que, nessa sociedade digital, a empresa utilize o poder que somente tecnologias digitais possibilitam para pensar novas maneiras de atender às necessidades do consumidor. Por exemplo, não seria possível uma empresa oferecer o catálogo de músicas do Spotify sem a tecnologia de *streaming*; não seria possível ao Uber conectar e organizar em tempo real tantos prestadores de serviço de transporte não fosse o *mobile*; não seria possível pensar em assistentes de voz que dão mais comodidade, como a Alexa, não fosse a inteligência artificial. Tecnologias emergentes ampliam a maneira como o ser humano pode se manifestar e alcançar seus objetivos e, por isso, utilizá-las garante às empresas a possibilidade de tornar a concorrência irrelevante com uma oferta que amplia o horizonte de possibilidades de seus consumidores.

Vamos a um exemplo para tangibilizar e clarificar esse conceito que acabamos de ver. Esse exemplo é fictício, mas seu argumento foi levemente inspirado pelo interessante movimento que o grupo AccorHotels tem feito em relação a sua marca Ibis, principalmente em sua categoria de hotéis Styles, que utiliza conceitos como *storytelling* nos temas de suas propriedades, espaços de *coworking* e eventos musicais para atrair um público jovem e também a comunidade que vive perto do hotel.[1]

Então, imagine uma rede de hotéis que possui diferentes marcas. Um estudo de mercado apontou que parte dos jovens hóspedes, público que sua marca mais econômica atende, prefere a experiência de se hospedar em albergues por conta das amizades que fazem em suas estadias e pela forma como experimentam o turismo na cidade com essas novas companhias. No caso desta marca específica, a

Cap. 1 • Transformação digital

liderança reimaginou seu direcionamento estratégico para buscar maneiras de responder à seguinte pergunta inspiradora: *como podemos ser o ponto de encontro onde as pessoas se sintam mais confortáveis para explorar cidades a partir de experiências compartilhadas?*

Vamos imaginar que uma das primeiras experimentações que o time da rede de hotéis executou foi modificar o saguão de cada um dos hotéis dessa marca para um espaço de convivência, com mesas compartilhadas, mesas de sinuca e, também, um sistema de som em que as pessoas adicionam músicas à *playlist* que está tocando diretamente de seus *smartphones*. Bom, embora seja uma iniciativa muito interessante e que, de fato, adiciona valor à experiência social da hospedagem, até utilizando uma pitada de tecnologia para tal, ela é apenas um ponto de partida para buscar experimentações mais ousadas.

Agora vamos supor que a iniciativa dessa rede de hotéis obteve bons resultados e que os clientes elogiaram bastante tal incremento. Então, a equipe da rede de hotéis, em parceria com uma empresa de tecnologia, decidiu ampliar a experiência social durante a hospedagem e desenvolveu um aplicativo inspirado no Tinder e nas redes sociais que fica acessível para o hóspede assim que ele faz a reserva. Por exemplo, o hóspede usa o *login* social (com sua conta do Facebook ou Instagram) e preenche os dias que pretende ficar na cidade, quais os pontos turísticos que deseja visitar e programas que deseja fazer. E, então, o aplicativo passa a mostrar quais pessoas estarão hospedadas naquele mesmo período e que têm interesses em comum para a viagem. Assim, o hóspede pode marcar na lista de outra pessoa algum passeio específico que eles poderiam fazer juntos. Se a outra pessoa também tiver marcado esse hóspede no mesmo passeio, então acontece um *match* e tais hóspedes podem combinar por mensagem de ter uma experiência compartilhada, que pode tanto ajudar a reduzir custos como render boas amizades.

Se essa rede social passar a atrair a atenção de turistas que nem sequer estão hospedados na rede de hotéis, mas que desejam utilizá-la, a empresa pode experimentar aos poucos abrir esse acesso cobrando uma assinatura pelo seu uso ou explorando a venda de espaços de publicidade (e incrementando seu aspecto de segurança com verificações adicionais, que antes já fazia com seus hóspedes). Nesse ponto, o serviço se torna não somente um incremento à oferta de hospedagem, mas um novo modelo de negócios, que traz uma nova fonte de receitas para a empresa e que pode escalar para além de sua restrita capacidade física em termos de quartos disponíveis.

Veja que, nesse exemplo fictício, uma pergunta inspiradora – baseada no conhecimento aprofundado do consumidor – guiou o direcionamento estratégico do negócio e possibilitou imaginar formas transformadoras de atender às necessidades e desejos do consumidor, onde a tecnologia teve um papel fundamental de ampliar possibilidades que, de outro modo, sequer seriam imaginadas.

A transformação digital pode ser aplicada em três dimensões de um negócio: operações; ofertas; e modelos de negócios. Nesse exemplo da rede de hotéis, vimos primeiramente duas adições à *oferta* de hospedagem (*hall* interativo e rede social para hóspedes) e depois o surgimento de um novo *modelo de negócio* (ampliação da rede social para quem não é hóspede). Como um exemplo de aplicação sobre a *operação* do negócio, poderíamos pensar em um sistema inteligente que otimizasse o deslocamento da equipe de limpeza de acordo com os horários e preferências dos hóspedes.

Dessa forma, a inovação, quando aplicada às operações do negócio em geral, busca a redução de custos, aumento da eficiência e aumento da qualidade. Entre essas iniciativas, estão a automação da linha de produção com robôs inteligentes, adoção de plataformas *cloud* para facilitação e otimização inteligente de processos, concepção de um ecossistema integrado com a cadeia de suprimentos, entre outras.

Quando a inovação é aplicada às *ofertas*, seu direcionamento geralmente está em desenvolver novos produtos com interface digital, agregar serviços a um bem oferecido e proporcionar novas experiências para os clientes.

Já a inovação aplicada ao desenvolvimento de novos modelos de negócios permite chegar ao consumidor de novas maneiras, entregando e capturando valor de um modo diferente do qual a empresa normalmente atua, sendo esta frequentemente a forma mais disruptiva de reimaginar o negócio. Enquanto uma oferta inovadora pode se tornar um desafio para a concorrência, um modelo de negócios inovador pode tornar a concorrência irrelevante.

Contudo, neste livro o entendimento é que a otimização de operações e evolução de ofertas são partes fundamentais do processo de transformação digital e não somente o desenvolvimento de novos modelos de negócios (esta discussão será aprofundada nos próximos capítulos).

Independentemente se determinada iniciativa é focada em *operações, ofertas* ou *modelos de negócios*, a formulação de perguntas inspiradoras e de objetivos estratégicos precedem a transformação digital e não o contrário. Mais adiante, vamos ter a possibilidade de explorar mais sobre como pensar o direcionamento estratégico de um negócio, mas é válido dizer de antemão que esse direcionamento deve

Cap. 1 • Transformação digital

resultar de um olhar atento para o ambiente no qual a empresa está inserida, para os movimentos dos concorrentes e expectativas emergentes dos consumidores. Além disso, depende também da análise dos recursos internos que a empresa detém e do ecossistema de negócios no qual está inserida.

Um ponto importante sobre a transformação digital é que ela tem início a partir do exame das pessoas sobre ambientes externos e internos, passa por um direcionamento estratégico formulado também por pessoas, que, por sua vez, é desdobrada em táticas pensadas pelas mesmas ou ainda por outras pessoas, e que vão se transformar em ação por meio das pessoas, visando impactar, na outra ponta, a vida de pessoas (ufa, quantas pessoas!). Em todos esses momentos, a tecnologia possivelmente vai desempenhar um papel mais ou menos importante como facilitadora (comumente, usa-se o termo em inglês *enabler*).[2] Por isso, já é quase um clichê dizer que a transformação digital não é sobre tecnologia, mas sobre pessoas. Isso está correto e nos lembra que não se trata de ver uma nova tecnologia e correr para tentar implementá-la de qualquer maneira em um produto ou em um processo da empresa. Começar pela tecnologia pode levar os decisores a terem como resultado alguns dos maiores problemas encontrados em tentativas frustradas de realizar a transformação digital: nenhuma mudança significativa na cultura e no modelo mental dos colaboradores, aumento de custos, perda de tempo, perda de competitividade, nenhum ganho operacional e nenhum valor adicionado ao cliente final.

Vamos imaginar um exemplo de como seria um equívoco começar pela tecnologia e não pela observação de fatores importantes do ambiente e de um direcionamento estratégico sólido. Imagine que gestores de uma grande rede de pizzarias voltaram de uma feira de inovações impressionados com uma tecnologia de impressão 3D capaz de imprimir uma pizza. Apaixonados pela ideia, eles decidem comprar várias impressoras 3D para que, em suas lojas de *shoppings*, seus clientes possam ver como é interessante (e, com sorte, saboroso) que suas pizzas estejam sendo impressas por robôs. É bem possível que esta iniciativa aumente muito os custos e a manutenção em cada uma das lojas e que o consumidor, depois de um interesse inicial na novidade, no final, não veja isso como um atrativo capaz de lhe entregar valor. Assim, esse seria um exemplo de começar pela tecnologia e com isso falhar na geração de valor para o cliente ou mesmo de trazer ganhos operacionais. Essa mesma tecnologia poderia trazer ganhos duradouros, mas desde que experimentada e implantada sob a égide do direcionamento estratégico do negócio fundamentado nas necessidades e desejos dos consumidores. A Figura 1.1 brinca com a adoção de uma tecnologia sem considerar sua adequação.

Figura 1.1 Charge sobre implementar tecnologias inadequadas.
Admir Roberto Borges

Vamos ver um primeiro exemplo, dos muitos *cases* que serão mostrados, sobre como a Localiza implementou o Localiza Fast para melhorar a experiência do cliente no aluguel de carros utilizando tecnologias digitais para tal.

Localiza Fast e o aluguel de carros sem filas

Imagine que você fez um voo de Manaus para São Paulo, descendo em Guarulhos, mas que seu destino final é São José dos Campos, que fica a pouco mais de uma hora de distância pela Dutra (dependendo do trânsito). O voo levou cerca de 4 horas e tudo que você quer é pegar um carro rapidamente para chegar ao seu hotel o mais rápido possível. No entanto, ao olhar para o balcão das locadoras de veículos no saguão do aeroporto, você vê uma pequena fila em cada uma delas e sabe que isso vai te tomar mais cerca de meia hora em pé, fora o desgaste de ter que procurar por vários documentos em sua mala de mão, deixando toda a viagem ainda mais cansativa.

Foi mapeando precisamente este incômodo na jornada do cliente de aluguel de veículos que a Localiza desenvolveu o Localiza Fast. Trata-se de um serviço sem custo adicional que permite ao cliente alugar um carro diretamente pelo *smartphone*, sem ter que passar pelo balcão.

Primeiramente, o cliente precisa tirar uma *selfie*, cadastrar seus dados e sua assinatura eletrônica no aplicativo da empresa. Feito isso, o cliente pode selecionar e reservar um carro pelo app e, então, será direcionado diretamente para onde o carro está localizado na agência cuja modalidade está disponível. Ao chegar no local em que o veículo está estacionado, basta abrir o carro pelo app, pegar as chaves no porta-luvas e seguir viagem, como mostra a Figura 1.2.

Figura 1.2 Imagem do vídeo *Localiza Hertz | Conheça o Localiza Fast*, disponível em: https://youtu.be/GJRKVxI2XLO. Acesso em: 22 jan. 2021.

Esta iniciativa constitui uma inovação no nível de oferta, onde a empresa consegue ampliar sua proposta de valor, oferecendo uma experiência com menor fricção em um momento crítico da jornada de seu cliente. Trata-se de um ótimo exemplo de uma inovação que não aplica uma tecnologia só porque ela parece atraente, mas porque ela se encaixa perfeitamente dentro do objetivo estratégico da empresa de construir o futuro da mobilidade e parte da observação e compreensão de seus clientes e sua jornada com os produtos da empresa.

Assista à entrevista exclusiva com Ricardo Borges, *Head* de *Design* na Localiza, acessando o QR Code:

Fonte: baseado em LOCALIZA. *Inovação até na hora de abrir o carro*. Disponível em: https://www.localiza.com/fast. Acesso em: 1º jan. 2021.

CAPÍTULO **2**

POR QUE A TRANSFORMAÇÃO DIGITAL É IMPERATIVA?

Não querendo soar apocalíptico, mas pedindo licença para fazê-lo: o custo de não iniciar ou acelerar, hoje, o processo de transformação digital, em qualquer negócio, pode ser seu desaparecimento.

Imagine você que um tecelão bem-sucedido cuja missão era oferecer roupas de qualidade para o maior número de pessoas possível tivesse olhado para os teares mecânicos que surgiram na Primeira Revolução Industrial e desse de ombros como se aquilo não pudesse melhorar seu negócio. Em pouco tempo, ele não seria mais competitivo e perderia espaço para os negócios que implementaram a tecnologia com sucesso. O mesmo acontece agora com a grande quantidade de novas tecnologias digitais que surgem a todo momento.[3] O problema atual é que entender qual tecnologia exatamente pode transformar seu negócio de forma a deixá-lo mais competitivo não é tão simples. Mas fique descansado, porque este livro está aqui exatamente para ajudá-lo nesta tarefa.

Vamos agora explorar um caso real sobre como novas tecnologias afetaram toda uma indústria.

Apple Watch e a indústria suíça de relógios

A indústria suíça de relógios é a mais tradicional do mundo, com marcas como Rolex, Zenith e TAG Heuer. E esse sucesso remonta ao século XVI, quando relojoeiros instalados no país começaram a se destacar pela precisão e beleza de seus produtos. Contudo, em 2020, algo quase inimaginável ocorreu: "Pela primeira vez, vendas do Apple Watch superam toda a indústria de relógios da Suíça" (Época, 2020). Isso mesmo, apenas uma empresa, com um produto, e em cerca de seis anos, conseguiu superar em vendas toda a indústria suíça, estabelecida há vários séculos. A Figura 2.1 mostra a imagem de um vídeo de divulgação do Apple Watch.

Figura 2.1 Imagem do vídeo *Apple Watch – Querida Apple – Apple*, disponível em: https://youtu.be/q-wDgz22ESo. Acesso em: 31 jul. 2020.

O Apple Watch é um relógio digital da Apple que tem interface direta com o iPhone e, com isso, consegue integrar aplicativos diretamente com os disponíveis no *smartphone*, além de fazer medições relacionadas com a saúde dos usuários, como batimentos cardíacos e calorias gastas em atividades físicas.

O sucesso do Apple Watch se deve a vários acertos da Apple, mas, em linhas gerais, ela conseguiu fazer uma ótima leitura do ambiente, dos seus recursos e, com isso, aplicar tecnologias digitais em um produto que se encaixava perfeitamente em seu ecossistema de produtos e, com seu direcionamento estratégico, proporcionar experiências positivas aos usuários por meio de dispositivos inovadores.

Cap. 2 • Por que a transformação digital é imperativa?

A indústria suíça de relógios foi míope ao não enxergar que as novas tecnologias poderiam afetar seu negócio, pois, possivelmente, ficou presa à ideia de que era muito boa em fazer relógios precisos e luxuosos, enquanto o público em geral estava mais interessado em funcionalidades que melhorasse suas vidas. Empresas da indústria suíça poderiam ter feito parcerias com empresas de tecnologia antes de o Apple Watch surgir e terem sido bem-sucedidas em inovar nesta categoria, mas falharam em compreender as mudanças nos ambientes tecnológicos e de consumo.

Fonte: ÉPOCA NEGÓCIOS. *Pela primeira vez, vendas do Apple Watch superam toda a indústria de relógios da Suíça*. Disponível em: https://epocanegocios.globo.com/Empresa/noticia/2020/02/pela-primeira-vez-vendas-do-apple-watch-superam-toda-industria-de-relogios-da-suica.html. Acesso em: 1º ago. 2020.

O que ocorreu no caso do Apple Watch superando em vendas toda a indústria suíça de relógios não é exclusivo. Empresas como a Nokia, que falhou em antever a revolução que os *smartphones* representariam, e a Kodak, que não vislumbrou o potencial da câmera digital, são alguns dos exemplos individuais de derrocada por conta da miopia em relação ao verdadeiro valor que o negócio entrega somado à demora em abraçar novas tecnologias e ter um direcionamento estratégico focado no consumidor.

Para além de exemplos individuais, temos outras indústrias sendo colocadas de ponta-cabeça por competidores utilizando novas tecnologias aliadas a modelos de negócios transformadores, como é o caso da indústria hoteleira, diante do Airbnb diminuindo os custos de viajar ao oferecer locações de pessoas para pessoas, e todo o setor de transporte, que viu Uber, Lyft, entre vários outros, prestarem serviços de deslocamento mais eficientes. Nesses exemplos, é possível ver como *startups* (empresas cujo uso de tecnologias é central em suas atividades e que podem alcançar escala a partir de seus modelos de negócios inovadores) estão puxando e desafiando indústrias com sua grande velocidade e, frequentemente, deixando negócios mais tradicionais, normalmente mais lentos, para trás.

Muitos podem estar pensando que isso não vai ocorrer em todas as indústrias, mas a verdade é que as novas tecnologias vão sim ter um crescente impacto em todos os tipos de negócio, desde a barbearia de bairro até a indústria automobilística. Em algumas indústrias, esse impacto vai ser (ou já está sendo) sentido imediatamente e vai provocar mudanças radicais e, em outras, isso vai ocorrer em pouco tempo.[4] Mas tenha certeza de que isso vai acontecer, cedo ou tarde. A boa notícia é que, se seu negócio está "respirando", agora é exatamente o momento certo para estabelecer um direcionamento estratégico que torne possível definir táticas que incluam uma cultura de experimentação contínua com novas tecnologias para se obter sucesso e superar concorrentes e possíveis ameaças.

CAPÍTULO 3

DIGITIZATION, DIGITALIZAÇÃO E TRANSFORMAÇÃO DIGITAL

Primeiro, vamos esclarecer por que o título deste capítulo inclui o termo em inglês *digitization*. Na língua inglesa, existem dois termos, *digitization* e *digitalization*, e, em português, somente digitalização. *Digitization* está relacionado com a simples conversão de algo que é analógico para o digital. Por exemplo, imagine que um cartório, com receio de incêndios, resolveu escanear e utilizar a tecnologia de reconhecimento óptico de caracteres (*Optical Character Recognition* – OCR) para transformar todas as páginas impressas em seus livros de papel em versões digitais. Já *digitalization* está associado com o uso dessas informações digitais gerando tanto valor em processos como em novas ofertas. Seguindo o exemplo do cartório, agora que todos seus livros de papel estão também em formato digital, tem-se um novo produto – a solicitação de certidões *on-line* – que melhora a experiência do cliente e confere maior comodidade.

Para alguns autores, tanto *digitization* quanto *digitalization* são passos predecessores da transformação digital.[5,6] Isto é, o cartório que digitalizou seus documentos e utilizou esses novos recursos para otimizar a oferta de certidões não teria ainda começado sua transformação digital, porque somente modificou recursos e processos do analógico para o digital, mas não alterou significativamente seu modelo de negócio e sua estrutura. Nesta perspectiva, o cartório, diante de sua missão de dar fé pública que determinado fato ocorreu, oferecendo segurança jurídica a todas as partes envolvidas, estaria em transformação digital caso, por exemplo, criasse um *framework* de *blockchain* capaz de ofertar o registro de contratos inteligentes a um custo e velocidade que iriam tornar a concorrência irrelevante.

Contudo, neste livro, utilizaremos o entendimento de que a transformação digital é um processo contínuo, que se inicia na mudança do modelo mental e da cultura do negócio, quando estes se põem mais abertos à inovação e experimentação, e que continua caminhando a partir daí, já que para se manter competitiva uma empresa precisa estar em constante evolução.[7,8] Assim, do momento em que a empresa passa a utilizar tecnologias relevantes para revolver problemas e entregar mais valor ao seu cliente, ainda que de forma tímida, já está em curso a transformação digital.

Dentro da perspectiva de que a transformação digital possa ser interpretada como sinônimo de uma mudança radical, uma pessoa para competir em uma corrida de obstáculos teria que arranjar uma forma de saltar todos de uma só vez. Isso quer dizer que, uma empresa que opera com uma base quase totalmente analógica dificilmente vai saltar para um estágio em que tem seu negócio principal (*core business*) baseado em tecnologia. É preciso que a empresa prossiga aos poucos fazendo experimentações que convençam e envolvam sua equipe no processo de transformação. Uma das minhas experiências profissionais mais enriquecedoras e duradouras foi vivenciada em um negócio familiar nos Estados Unidos, no setor de aluguel de casas de luxo, onde, no início de um projeto, mesmo uma mudança simples em qualquer de seus processos dependia de uma negociação intensa. Passados alguns anos e muitas experimentações, tanto no seu receptivo quanto no seu *marketplace on-line*, essa empresa, hoje, está muito à frente de seus concorrentes, incorporando *big data* e inteligência artificial para evoluir seu negócio. Mas, como disse, esse processo não aconteceu do dia para a noite ou após uma grande sacada de alguém dentro de um negócio, e sim a partir de uma caminhada de experimentações que irá perdurar enquanto o negócio quiser continuar relevante e competitivo.

Ao ver algumas pessoas serem taxativas sobre como uma melhoria incremental em um processo utilizando tecnologia não é transformação digital, lembro das várias vezes que alguém se mostrou empolgado com uma ideia de negócio, mas era alertado quanto à necessidade de elaboração de um plano de negócios que antecipasse e projetasse seus gastos e retornos, análise de risco, gastos pré-operacionais, entre outros. Muitas vezes, vi uma ideia morrer ali mesmo. Hoje, o modelo mental mais ajustado consiste em conceber um produto mínimo viável (*Minimum Viable*

Cap. 3 • *Digitization*, digitalização e transformação digital

Product – MVP) que possa ser testado rapidamente e que entregue valor ao cliente como forma de testar o mercado.[9] Portanto, neste livro, vamos ver que iniciativas pequenas são partes importantes de um processo amplo de transformação digital e que, com frequência, são estas que plantam as sementes mais promissoras. Por isso, vamos listar casos de empresas que já estão em níveis mais e menos radicais na sua jornada de transformação digital, apresentando tanto otimizações pontuais nas operações, passando por ofertas que utilizam tecnologias emergentes, até novos modelos de negócios que são disruptivos o suficiente para alterar a forma como os negócios são feitos em determinada indústria.

De toda forma, é inegável que existem empresas que estão em um nível mais avançado ou mais incipiente de maturidade digital, ou seja, a capacidade de a empresa se adaptar rapidamente às mudanças que ocorrem a partir do ambiente tecnológico e, também, a capacidade de propor mudanças tecnológicas que alteram a forma como os consumidores experimentam valor em determinado mercado.[10] Existem diferentes modelos que medem a maturidade digital de determinada organização, tais como o Deloitte-TM Forum, Digital Maturity Model Universität St. Gallen, Digital Maturity Matrix MIT & Capgemini, entre outros.[11] Embora esses modelos sejam muito interessantes, robustos e validados, mantendo o propósito deste livro de inspirar a ação prática, apresento a seguir, no Quadro 3.1, um questionário que pode ajudar a refletir sobre o estágio de evolução da empresa em termos da extração do potencial que novas tecnologias digitais permitem. Observe que não se está propondo aqui um novo modelo de maturidade capaz de competir com os modelos citados anteriormente, mas questões que permitem refletir sobre a jornada de transformação digital em sua empresa. Quando for responder, fique bem atento em avaliar o quanto dada prática é capaz de trazer **vantagens competitivas**, ou seja, o quanto aquele elemento é fundamental para que os consumidores optem por sua empresa, em detrimento de escolherem qualquer outro concorrente ou alternativa disponível no mercado. Isso quer dizer, não basta fazer algo naquele sentido, aquilo precisa trazer vantagens sobre os concorrentes.

Para preencher o Quadro 3.1, que ajuda a diagnosticar o estado atual de obtenção de vantagens competitivas a partir de tecnologias digitais, reflita – individualmente ou em um *workshop* – sobre os pontos sugeridos, de acordo com a realidade do seu negócio e das tecnologias digitais hoje utilizadas no mesmo.

Esse quadro está disponível como material suplementar do livro. Veja o passo a passo para o acesso na página anterior ao Sumário.

Quadro 3.1 Questionário sobre vantagens competitivas a partir de tecnologias digitais

Marque a seguir as afirmações que forem verdadeiras.	
A minha empresa atualmente obtém vantagens competitivas pela forma como:	
Aplica tecnologias digitais em sua cadeia de suprimentos, logística e operações.	
Aplica tecnologias digitais em suas atividades administrativas.	
Cria valor em suas ofertas a partir do uso de tecnologias digitais.	
Utiliza canais digitais para a promoção de suas ofertas.	
Obtém lucro a partir de fontes de receita em canais digitais *self-service*.	
Mantém relacionamento com seus clientes em canais de comunicação digitais.	
Mantém parcerias com empresas que contribuem para a digitalização do negócio.	
É ágil em realizar experimentos com novas tecnologias digitais.	
Tem líderes que apoiam a inovação a partir de experimentos e colaboradores dedicados a exercerem tais funções.	
Toma decisões estratégicas e táticas a partir de KPIs e dados disponíveis em tempo real.	

Fonte: elaborado pelo autor.

Cap. 3 • *Digitization*, digitalização e transformação digital

De acordo com suas respostas, você pode aplicar as ideias deste livro de forma mais ajustada ao momento em que sua empresa se encontra. Minha sugestão em relação à avaliação de sua empresa a partir de suas respostas é a seguinte:

- ✓ Se você marcou mais de oito afirmativas: no estágio avançado em que sua empresa se encontra hoje, é interessante direcionar esforços para competir pelo futuro do setor, ou seja, ser pioneira na experimentação de novos modelos de negócios que sejam capazes de "disruptar" o mercado em que atua.

- ✓ Se você marcou entre seis e sete afirmativas: no estágio intermediário em que sua empresa está, deve ser feito um esforço tanto para digitalizar mais aspectos dos modelos de negócios explorados atualmente quanto começar a pensar em novos modelos de negócios que tenham tecnologias digitais emergentes como elemento central.

- ✓ Se você marcou cinco afirmativas ou menos: sua empresa está em um estágio incipiente em relação à transformação digital e, por isso, precisa iniciar um programa estratégico onde a transformação digital será uma prioridade, com pessoas dedicadas a unificarem os esforços de todas as áreas, em um primeiro movimento de maior digitalização do negócio, para, posteriormente, pensar em inovações disruptivas.

CAPÍTULO

4

O QUE NÃO É TRANSFORMAÇÃO DIGITAL

É interessante listar alguns conceitos e ações que não representam iniciativas de transformação digital, mas que frequentemente podem ser implementados em uma tentativa infrutífera de preparar um negócio para o futuro. Vamos então a uma lista, não exaustiva, daquilo que não é transformação digital:

- ✓ #1: Transformação digital não é abraçar uma nova tecnologia só porque ela parece atraente.
- ✓ #2: Transformação digital não é sinônimo de *mobile*, internet das coisas, inteligência artificial, *big data*, realidade aumentada, ou exclusivamente equivalente à implantação de qualquer tecnologia.
- ✓ #3: Transformação digital não é copiar outros negócios porque eles foram bem-sucedidos ao utilizar determinada tecnologia.
- ✓ #4: Transformação digital não é algo que acontece naturalmente à medida que as tecnologias vão evoluindo.
- ✓ #5: Transformação digital não é uma iniciativa exclusiva da alta administração e que não inclui os níveis táticos e operacionais da empresa, incluindo aqueles com maior interface com o cliente.
- ✓ #6: Transformação digital não é algo que acontece somente nas áreas da empresa dedicadas (ou com maior proximidade) à tecnologia e que não precisam estar conectadas com toda a cultura do negócio.
- ✓ #7: Transformação digital não é sinônimo de adotar metodologias ágeis de gerenciamento de equipes.
- ✓ #8: Transformação digital não é ter um escritório legal com brinquedos e área de lazer.

- #9: Transformação digital não é simplesmente realizar a aquisição de *startups* e empresas de tecnologia.
- #10: Transformação digital não é uma jornada com um fim que a empresa consegue encarar sozinha, sem estabelecer parcerias e novos relacionamentos.

A Figura 4.1 brinca com a pressa em adotar uma tecnologia sem preparação e ajuste.

Figura 4.1 Charge sobre a implantação tecnológica apressada.
Admir Roberto Borges

CAPÍTULO 5

O QUE É TRANSFORMAÇÃO DIGITAL

Agora que você sabe identificar aquilo que não é uma iniciativa de transformação digital, vamos também a uma lista não exaustiva de características que denotam que um negócio está no caminho certo para entregar mais valor aos seus clientes por meio da adoção de novas tecnologias:

- ✓ #1: Transformação digital é a inovação em operações, ofertas e em modelos de negócios, maximizando o potencial do negócio ao utilizar novas tecnologias digitais.
- ✓ #2: Transformação digital é um desdobramento do direcionamento estratégico, buscando tecnologias disponíveis para alcançá-lo.
- ✓ #3: Transformação digital é o caminho a ser trilhado para alcançar objetivos estratégicos, incorporando tecnologias digitais ao negócio, e não um fim em si mesma.
- ✓ #4: Transformação digital é a concepção de novos produtos, serviços e experiências a partir de tecnologias digitais, assim como envolve o aprimoramento das operações da empresa.
- ✓ #5: Transformação digital é um trabalho contínuo de otimização e remodelamento de processos e ofertas, incorporando tecnologias que possam aprimorá-los ou levá-los a outro patamar.
- ✓ #6: Transformação digital é uma iniciativa que envolve a compreensão da empresa acerca do ecossistema em que se encontra e a formação de parcerias para alcançar os objetivos estratégicos utilizando tecnologias digitais para tal.
- ✓ #7: Transformação digital é resultante da conjunção entre talento, estímulo, cultura, parcerias e tecnologias digitais.
- ✓ #8: Transformação digital é a criação e sustentação de uma cultura que estimula a experimentação com novas tecnologias e valoriza o erro.

- ✓ #9: Transformação digital é um processo que envolve toda a empresa e precisa fazer parte da cultura de todo o time de colaboradores.
- ✓ #10: Transformação digital é imperativa para todo e qualquer negócio que deseja obter retornos acima da média daqui em diante.

A Figura 5.1 explora em uma charge a ideia da transformação enquanto processo de aquisição de capacidades.

Figura 5.1 Charge sobre transformação e aquisição de novas capacidades.
Admir Roberto Borges

A seguir são apresentados recortes de casos de negócios que utilizaram o conceito de transformação digital para evolução de parte de suas operações, de suas ofertas e de seus modelos de negócios, respectivamente. Vamos começar pela inovação em operações com um caso do O Boticário em parceria com a SAP.

O Boticário e SAP na busca pela Gôndola Inteligente

Um grande desafio de qualquer varejista é a manutenção do nível de serviço em termos de estoque disponível em loja. O Boticário, com uma das maiores redes de franqueados do Brasil, não é diferente e precisa ter uma ótima integração entre os seus estoques em loja e as ordens de produção em sua fabricação.

Com esse desafio em mente, O Boticário fez parceria com a SAP para desenvolver uma solução que pudesse melhorar a eficiência operacional e a integração entre o estoque das lojas, os canais de distribuição e o processo de produção. A SAP, parceira da empresa, batizou suas soluções de internet das coisas como SAP Leonardo e foi com esse seu produto, que inclui a formulação de soluções inteligentes, que esta parceria caminhou.

Assim, a SAP e O Boticário iniciaram o desenvolvimento da Gôndola Inteligente, que integra soluções de reconhecimento em vídeo e aprendizado de máquina em um sistema capaz de reconhecer se determinado produto está em falta na prateleira e, então, emitir um alerta para que ele seja reposto. A Figura 5.2 mostra a imagem de um vídeo do Tecmundo que conta como SAP e O Boticário colaboram na transformação digital do varejista.

Figura 5.2 Imagem do vídeo *Machine learning ajudando a manter a inovação na indústria – Tecmundo*, disponível em: https://youtu.be/T7Jsrm3FVFk. Acesso em: 31 jul. 2020.

A ideia da Gôndola Inteligente do Boticário é que seja possível estimar com muito mais precisão e velocidade a venda de seus itens, ajustando os volumes de produção e a distribuição com base em dados, em tempo real. Uma solução desta natureza incorpora novas tecnologias para aumentar a eficiência operacional da empresa, fazendo com que seus processos sejam mais ágeis e responsivos, permitindo a melhor alocação de recursos e redução de custos.

Por isso, esse é um ótimo exemplo de como novas tecnologias podem ser aplicadas para contribuir com otimização da operação, dentro da visão do negócio em alcançar grande capilaridade para distribuição de seus produtos.

Assista ao vídeo sobre este caso acessando o QR Code:

Fonte: TECMUNDO. *Machine learning ajudando a manter a inovação na indústria.* Disponível em: https://www.youtube.com/watch?v=T7Jsrm3FVFk. Acesso em: 1º ago. 2020.

Vamos a mais um exemplo da transformação digital em ação na concepção de uma nova oferta com o Nike Adapt.

Nike Adapt une conforto, estilo e tecnologia

No filme "De Volta para o Futuro 2", lançado em 1989, a Nike fez um *product placement* em que o protagonista do filme em determinada cena calçava um tênis que amarrava seus cadarços sozinho. Passaram-se quase três décadas para que, em 2016, a Nike lançasse comercialmente seu primeiro tênis com uma tecnologia que pudesse reproduzir tal feito. A Figura 5.3 mostra o Nike Adapt, seu carregador e um *smartphone* no qual o mesmo pode se integrar.

Figura 5.3 Imagem da página de vendas do *Nike Adapt*, disponível em: https://www.nike.com/adapt. Acesso em: 31 jul. 2020.

Hoje, o Nike Adapt é integrado com um aplicativo para *smartphones* que permite ao usuário comandar por voz quando o calçado deve ser amarrado ou desamarrado, além de estabelecer amarrações mais ou menos apertadas, de acordo com o uso. No modelo para praticantes de basquete, por exemplo, a promessa é de que uma configuração mais ajustada pode trazer ganhos de aderência e firmeza nos pés.

Além disso, o tênis ainda é equipado com luzes LED que podem ser controladas também pelo aplicativo, assumindo 13 diferentes cores, visando mais maleabilidade no estilo do tênis.

Este é um exemplo interessante de como a empresa utilizou novas tecnologias, como o pareamento por *bluetooth*, aplicativos *mobile* e até mesmo luzes controláveis de LED, para oferecer um produto totalmente diferente

Cap. 5 • O que é transformação digital

do que já havia no mercado, fabricando um tênis que obviamente é mais caro, mas capaz de atrair os fãs mais aficionados da marca, além de gerar um ótimo boca a boca em torno dela.

Fonte: NIKE. *How do I get most out of my Nike Adapt?* Disponível em: https://www.nike.com/help/a/adapt. Acesso em: 1º ago. 2020.

Passamos agora para um exemplo de inovação no próprio modelo de negócio no qual a empresa atua no mercado, isto é, na forma como a empresa entrega e captura valor nas suas relações de troca. Nesse caso, vamos falar sobre a criação do Disney+.

Disney+ e a magia ao controle das mãos

Se os serviços de *streaming* pareciam promissores com a maior disponibilidade de internet banda larga, o sucesso da Netflix em todo o mundo fez com que seus competidores por conteúdo se movimentassem para oferecer seus próprios serviços.

A Disney, já consagrada no entretenimento por suas produções, não demorou para iniciar seus movimentos para ter também seu próprio serviço de *streaming*. A grande vantagem da empresa seria já começar imediatamente com um catálogo respeitável de filmes e séries, que incluem animações como Frozen, Rei Leão e Toy Story, filmes do universo cinematográfico Marvel e da franquia Star Wars, assim como produções do National Geographic, como mostrado na Figura 5.4.

Figura 5.4 Imagem do vídeo *Start Streaming Now | Disney+*, disponível em: https://youtu.be/P7zW53OuvMg. Acesso em: 31 jul. 2020.

> O Disney+, resultado desse movimento, é fundamentalmente uma inovação no modelo de negócio, pois traz um canal radicalmente novo no qual a empresa chega até seu consumidor (antes, intermediado por cinemas, varejistas ou serviços de terceiros), uma experiência nova com a marca e suas criações, assim como um modelo de pagamentos por assinatura com uma nova camada de receita recorrente para a empresa. A utilização aqui de aplicativos para *Smart TV* e *smartphones*, além da estrutura e tecnologia necessárias para o *streaming*, representam um ótimo exemplo de transformação digital aplicada à concepção de novos modelos de negócios.

Fonte: DISNEY. *Disney+ Originals.* Disponível em: https://disneyplusoriginals.disney.com/. Acesso em: 1º ago. 2020.

RESUMO

Alguns dos pontos principais apresentados nesta Parte 1:

1. Transformação digital é o processo contínuo de reimaginar formas de entregar valor e atender às necessidades dos consumidores utilizando tecnologias digitais para tal. Esse processo pode resultar em inovações que visam ao aumento de eficiência nas **operações**, na concepção de novas **ofertas** e no desenvolvimento de novos **modelos de negócios**.

2. Todas as indústrias estão sujeitas a serem alteradas substancialmente a partir de novas tecnologias digitais, como *mobile*, internet das coisas, inteligência artificial, *big data*, realidade aumentada, entre outras.

3. *Startups* e negócios inovadores têm transformado indústrias tradicionais como hotelaria e transporte, e isso é um sinal de alerta para que todos os tipos de negócios busquem formas de utilizar tecnologias digitais para alcançar visões estratégicas ambiciosas.

4. Transformação digital não é feita a partir de iniciativas isoladas, desagregada da estratégia do negócio ou pela simples adoção de tecnologias da moda. Antes disso, a transformação digital requer que seja implementada uma cultura de colaboração, inovação e experimentação, onde o erro é valorizado.

PARTE 2

LIDERE A TRANSFORMAÇÃO DIGITAL

Capítulo 6. O papel da cultura da empresa na transformação digital

Capítulo 7. Embarque o time na jornada de transformação

Capítulo 8. Mapeie a relação atual com a tecnologia

Capítulo 9. Instigue a curadoria de ideias e soluções

Capítulo 10. Crie espaços de compartilhamento e estimule influenciadores digitais internos

Capítulo 11. Reoriente o foco da empresa para o cliente

Capítulo 12. Utilize métodos (mais) ágeis

Capítulo 13. Valorize a experimentação e a falha

Assista ao vídeo exclusivo para esta parte.

Nesta Parte 2, as seguintes questões serão abordadas:

1. Qual a relação entre a cultura da empresa e iniciativas de transformação digital?

2. Como a cultura da empresa pode ser remodelada para criar um ambiente profícuo para a transformação digital?

3. Qual é o papel dos líderes formais e informais dentro de um processo de transformação digital?

4. Quais são os passos para liderar a transformação digital dentro de uma empresa?

CAPÍTULO 6

O PAPEL DA CULTURA DA EMPRESA NA TRANSFORMAÇÃO DIGITAL

Vamos começar este capítulo com a não tão simples missão de definir o que é a cultura de uma empresa. Comecemos por imaginar a seguinte situação: um colaborador de uma empresa quando está indo para o trabalho, atravessando o centro da cidade em que reside, dirige com certa rispidez e não dá chance para nenhum pedestre atravessar na frente de seu carro se o sinal não estiver fechado. No entanto, esse mesmo colaborador, ao adentrar o estacionamento da sede da empresa, mesmo que uma pessoa não peça explicitamente para atravessar na frente de seu carro, mas apenas faça menção que o deseja, já é o suficiente para que ele pare o carro, dê uma buzinadinha e um sorriso. Como pode a mesma pessoa, em questão de minutos, mudar tanto seu comportamento? Bom, isso é um traço da cultura de uma comunidade específica.

A cultura de uma empresa é o conjunto de hábitos, normas, valores, crenças, atitudes e todo traço de comportamento que existe nas interações que ocorrem dentro do contexto da empresa, seja no ambiente físico, no ambiente virtual, ou mesmo fora dos ambientes próprios da organização, mas nos quais a pessoa sinta que de alguma forma a está representando. Assim, a cultura específica de uma empresa realmente não é algo tangível e fácil de se descrever de maneira precisa, mesmo por quem está dentro dela, mas trata-se de uma linguagem em comum que as pessoas daquela comunidade adquirem.

Mas por que é importante falar sobre cultura, antes de ir para ferramentas mais práticas da transformação digital? Bom, simplesmente porque a cultura pode acelerar ou impedir qualquer iniciativa de transformação dentro de uma empresa. A charge na Figura 6.1 brinca com esse fato.

Figura 6.1 Charge sobre o papel da cultura na transformação digital.
Admir Roberto Borges

Algumas empresas, para garantir um ambiente profícuo para geração e experimentação de novas ideias, têm inclusive criado incubadoras, espaços de *coworking* em interface direta com *startups* e até unidades de negócios independentes para que a inovação aconteça fora dos domínios burocráticos tradicionais. Alexander Osterwalder, criador do *Business Model Canvas*, defende, inclusive, que haja um *Chief Innovation Officer* (CIO) que lidere uma área na empresa totalmente destinada à descoberta de novas formas de agregar valor e novos modelos de negócios.[9] Creio que em empresas de grande porte esta separação pode ser bastante adequada para acelerar a inovação, principalmente em termos de desenvolvimento de novos negócios, os quais, posteriormente, são entregues para áreas da empresa que irão aprimorá-los.

Vale destacar, no entanto, que essas iniciativas que visam dar independência à inovação são muito interessantes, mas a cultura da empresa pode se infiltrar aos poucos nesses braços de inovação e, paulatinamente, estrangular também o que pode ser benéfico nestas iniciativas.

Se a cultura da empresa tiver o traço de que todas as pessoas que têm novas ideias normalmente são ignoradas e, dependendo do tamanho da ideia, até mesmo ridicularizadas, dificilmente esta empresa está pronta para passar por qualquer processo de transformação. Com frequência, esses hábitos vão minando aos poucos qualquer iniciativa criativa que possa surgir aqui e ali na empresa, levando-a a um estado total de inércia. Por outro lado, uma empresa em que as pessoas são incentivadas a apresentar novas ideias e valorizadas mesmo quando fracassam desfruta de um ambiente muito mais profícuo para que a transformação aconteça.

Cap. 6 • O papel da cultura da empresa na transformação digital

No entanto, você pode se perguntar: é possível intervir diretamente na cultura de uma empresa, já que ela é esse conjunto de hábitos e comportamentos que vão surgindo a partir da interação (na maior parte, espontânea) entre as pessoas? A resposta é um grande sim, embora isso exija um trabalho contínuo e o compromisso da alta administração com os novos traços que se deseja ressaltar.

Em primeiro lugar, há uma máxima muito acertada na administração que diz que não é possível gerenciar qualquer coisa que não esteja sendo medida. De fato, enquanto a cultura permanece apenas como uma percepção individual, dificilmente ela pode ser alterada. Isso porque é bem possível que, mesmo dentro de uma empresa, a cultura se manifeste ou tenha traços específicos em determinada área ou que afete cada indivíduo de uma maneira particular. Assim, é importante realizar ao menos um levantamento que permita compreender quais são os traços mais latentes daquela cultura.

Existem muitas formas de fazer esse mapeamento da cultura de uma empresa, utilizando-se uma gama de ferramentas *on-line* chamadas de *people analytics*. Esse mapeamento pode ser mais ou menos estruturado, dependendo do tamanho da empresa e dos recursos disponíveis para fazê-lo, podendo, inclusive, envolver a contratação de consultorias especializadas. Contudo, caso não seja o momento de mergulhar tão fundo no gerenciamento da cultura, recomendo que se estabeleçam mecanismos de escuta dentro da empresa, como um formulário *on-line* não identificado; espaços de diálogo, em que as pessoas se sintam à vontade para compartilhar seus medos e frustrações sem julgamento ou medo de desligamento; pelo menos um instrumento com perguntas abertas para que as pessoas possam dar sugestões para que a empresa possa melhorar, quais são os comportamentos tóxicos e positivos que identificam na empresa; e quaisquer outras iniciativas em que as pessoas se sintam à vontade para compartilhar sua vivência dentro da organização. É importante que essas iniciativas sejam abrangentes o suficiente para que grande parte do time compartilhe em algum desses canais sua percepção da empresa. Além disso, é interessante que esses dados sejam agrupados e categorizados de uma forma que seja possível analisar com facilidade o que há de comum e dissonante entre as vivências compartilhadas.

Uma nota importante é que quanto mais diversificado for um time – entenda-se *backgrounds* diferentes, idades diferentes, formas diferentes de expressar a sexualidade, tons de pele variados, formação em vários campos do conhecimento (ou formação nenhuma, mas muita curiosidade), inteligências diversas – mais esse time estará apto a contribuir com perspectivas diferentes sobre o negócio e sobre seu papel. Se essa diversidade ainda não é uma realidade no seu time, as práticas de recrutamento intencional, que buscam a divulgação e parcerias em espaços ocupados por pessoas que possam trazer essa diversidade ao seu time, podem ser muito positivas para sua iniciativa de transformação digital.

Conhecendo melhor a cultura da empresa – que frequentemente pode estar escondida do olhar da alta administração, já que sua visão é diretamente afetada por sua posição hierárquica e pela forma como as pessoas lidam com essa hierarquia – é então possível conceber novos hábitos, estabelecer normas, ressaltar valores e comportamentos que são desejados para se ter um ambiente onde se possa iniciar um processo de transformação digital.

Vamos explorar nos próximos capítulos um passo a passo para que a liderança consiga instituir esse ambiente afeto à inovação e, assim, participar ativamente do remodelamento cultural. Este passo a passo é representado na Figura 6.2, utilizando a metáfora de uma escada que apresenta os degraus a serem superados para liderar uma mudança cultural em direção à inovação e reinvenção do negócio.

Figura 6.2 *Framework* da jornada cultural para a transformação digital.
Fonte: elaborada pelo autor.

CAPÍTULO 7

EMBARQUE O TIME NA JORNADA DE TRANSFORMAÇÃO

Antes de os passageiros entrarem em um avião, a tripulação executa uma série de checagens e procedimentos para preparar o voo. Assim deve ser também em uma empresa que deseja abraçar a iniciativa de transformação digital. A alta administração e a liderança formal da empresa devem se comprometer com o processo antes mesmo de envolver a equipe.[12] Se os líderes não estiverem alinhados ou não comprarem a ideia, esse voo não vai decolar.

Vale dizer que este livro não defende uma estrutura organizacional rígida e em formato *top-down*, em que a liderança simplesmente estabelece critérios e espera que seus comandos desçam pela estrutura hierárquica. Pelo contrário, minhas experiências mostram que a estratégia superior se dá na prática, a partir da contribuição multidisciplinar e da interação entre os times, sendo, portanto, multidirecional. O *framework* para a transformação cultural busca exatamente a constituição de um ambiente em que todos possam fazer parte do processo inovador e tenham, inclusive, a chance de liderar experimentos em projetos nos quais se envolveram desde o início. Contudo, como estamos falando de transformação digital, é importante assumir que, em grande parte das empresas, normalmente em um modelo mais centralizado de liderança, a iniciativa tem que partir ou ser validada pelos tomadores de decisão, já que sem recursos e tempo disponível para os colaboradores não haverá espaço suficiente para a inovação.

É claro que a transformação digital não vai começar a acontecer com dia e hora marcada, pois, como vimos, isso requer uma mudança cultural, que, paulatinamente, vai modificando a forma como a empresa experimenta a inovação. Assim, é interessante que sejam feitas algumas intervenções para que os colaboradores possam compreender o conceito de transformação digital e se sensibilizarem com a necessidade de reinvenção constante pela qual a empresa deve passar.

No entanto, antes desses marcos, é interessante que sejam realizados alguns encontros formais entre os líderes da empresa para o alinhamento estratégico. Esses encontros podem ter o formato de *workshops*, de sessões guiadas por instrumentos práticos ou mesmo espaços para diálogos e apresentações de ideias. Recomendo fortemente que esses primeiros momentos de interação entre os líderes para o alinhamento sobre a transformação digital sejam mais leves e abram possibilidades de novas ideias e estimulem a criatividade.[13] Em uma reunião formal, a estrutura hierárquica irá determinar a maneira pela qual os participantes interagem, levando a um possível afunilamento precoce de ideias ou mesmo sua rejeição silenciosa, que mais adiante poderão minar qualquer iniciativa.[14]

Não à toa existem formatos de *workshops* que utilizam, por exemplo, blocos de montar para proporcionar um ambiente em que uma "brincadeira séria" possa derrubar algumas barreiras e preconcepções, como mostra a dinâmica da Figura 7.1.

Figura 7.1 Imagem da página de vendas do *Lego Serious Play*, disponível em: https://www.lego.com/en-us/seriousplay/material. Acesso em: 31 jul. 2020.

Nesses primeiros encontros com a liderança, o fundamental é elaborar um primeiro esboço sobre o direcionamento estratégico da empresa, que funcionará como um guia para toda iniciativa do processo de transformação digital. O uso de "esboço" do direcionamento estratégico pretende alertar a liderança para que não se feche demais no conceito criado, a ponto de o time não poder contribuir para a evolução e o aprimoramento de sua visão. Mais adiante, na Parte 3, vamos explorar mais detalhadamente sobre o direcionamento estratégico e como formular perguntas inspiradoras.

Cap. 7 • Embarque o time na jornada de transformação

Uma vez que os líderes tenham feito algumas sessões, de preferência bastante interativas e divertidas, chegou o momento de envolver o time no processo. Os encontros com o time podem ser no formato de apresentações, palestras e também *workshops*. É interessante que haja a perspectiva de "sensibilizar e envolver". Isso quer dizer, primeiramente, sensibilizar o time para a necessidade de transformação, mostrando brevemente o conceito de transformação digital e utilizando muitos exemplos (se possível, alguns de concorrentes para estímulo à competitividade) de como as novas tecnologias estão transformando a forma como as empresas atuam no mercado. É hora de apresentar também o direcionamento estratégico e a pergunta inspiradora estabelecida pelos líderes, esclarecendo que se trata de uma construção contínua e coletiva.

Feita a sensibilização, é hora de envolver o time com sessões de "mão na massa" de modo que possam já se sentir parte do processo de transformação. Esses *workshops* e sessões com o time podem ter características mais lúdicas e incentivar a fagulha do pensamento inovador. Para isso, sessões com blocos de montar e painéis (Canvas) são muito interessantes também. Um *feedback* positivo da liderança é importante, inclusive com seu envolvimento em algumas dessas atividades. Ao final, é importante dizer que aquilo é só o começo, que as ideias apresentadas devem passar por um processo de lapidação para experimentação e que o time irá aos poucos ser desafiado a desenvolver e implementar algumas destas e de novas ideias.

CAPÍTULO 8

MAPEIE A RELAÇÃO ATUAL COM A TECNOLOGIA

Antes de buscar por novas tecnologias e realizar tentativas, por vezes, frustradas de novas implementações, é muito importante fazer um mapeamento de como a empresa já se relaciona com tecnologias atualmente implantadas.[5] Isto é, quais são os *softwares* utilizados na empresa, quais são as tecnologias aplicadas nos produtos e que estão presentes na interface com os usuários, e quais tecnologias são utilizadas nas operações de compra, produção e distribuição da empresa. Não raro, as tecnologias atuais nem estão sendo aproveitadas no máximo de suas potencialidades e o esforço adicional para tal seria menor do que a busca por novas. Além disso, é importante conhecer o cenário atual antes de partir em busca de um novo cenário, como brinca a charge da Figura 8.1.

Figura 8.1 Charge sobre conhecer bem o terreno para prosseguir.
Admir Roberto Borges

A primeira tarefa que se pode passar para o time, que agora está embarcado no projeto de Transformação Digital, consiste em estruturar uma lista ou mapa mental com *softwares* e tecnologias usados no dia a dia. Por exemplo, a área financeira pode listar *softwares* de planilhas, de fluxo de caixa, integração com sistemas de produção. A área de produção pode tanto listar o sistema integrado de gestão empresarial (*Enterprise Resource Planning* – ERP), quanto também as máquinas utilizadas. A área de TI pode fazer um levantamento da estrutura instalada. A área de marketing deve listar também as tecnologias que estão incluídas na oferta e aquelas que estão na interface com o cliente (como aplicativos, *e-commerce*). E assim por diante em todas as áreas do negócio. Além disso, vale a pena pedir para cada time (ou cada pessoa) fazer uma avaliação daquelas tecnologias, dizendo o que aprecia e o que sente falta em cada uma delas e, também, o quanto acredita que elas estão sendo aproveitadas no máximo de seu potencial.

Se quiser ir um pouco além na profundidade desse mapeamento, você pode pedir para cada time (ou, ainda mais granular, para cada pessoa) elaborar fluxogramas que mostrem todas as rotinas executadas, os pontos de interface com outras áreas e os momentos de tomada de decisão. Mais adiante, na iniciativa de transformação digital, uma readequação de processos pode se beneficiar dessa documentação.

Dar um prazo para que as pessoas façam esse mapeamento e, se possível, oferecer algum tipo de incentivo pode facilitar a obtenção de respostas mais rapidamente e mais completas. Sempre existe o *trade-off* entre a profundidade pedida e o tempo necessário, além da disposição para fazê-lo. Assim, opte pelo nível de profundidade que pareça mais adequado para sua realidade de negócio. Naturalmente, negócios mais complexos vão exigir um volume maior de informações.

Esse conhecimento gerado não pode ficar disperso entre as áreas, então é interessante construir uma base de dados que propicie a gestão do conhecimento, em que as informações possam facilmente ser acessadas e recuperadas. Isso pode ser feito de uma maneira mais ou menos estruturada, dependendo da inclinação da liderança para documentar o negócio. Dessa forma, vale a pena sintetizar esses dados e apresentá-los aos times, mostrando um mapa das tecnologias utilizadas, nível de aproveitamento de cada uma delas e ideias mais interessantes, ou mais citadas, de possibilidades de melhoria.

Uma vez que as pessoas contribuam com esse mapeamento, já estando embarcadas na iniciativa de transformação digital, com certeza elas já estarão com algumas ideias na cabeça sobre por onde começar e o que pode ser aprimorado. Esse ânimo é essencial para a próxima etapa.

CAPÍTULO **9**

INSTIGUE A CURADORIA DE IDEIAS E SOLUÇÕES

Em geral, a inovação surge da conjunção de ideias não necessariamente inovadoras de modo isolado, mas que, quando combinadas, chegam a uma solução ainda não experimentada. Assim, a solução que uma empresa utilizou em uma indústria completamente diferente pode, de alguma forma, inspirar uma inovação em seu negócio.

Por isso, a ideia é que o time, agora embarcado na jornada de transformação digital e com as tecnologias atuais mapeadas, saia por aí (literal ou virtualmente) caçando novidades. Mas, é claro, a informação deve novamente ser armazenada e, se possível, catalogada em uma base de dados. A utilização de *tags* ou, simplesmente, a criação de pastas em armazenamento na nuvem pode ajudar as pessoas a construir coletivamente essa base. A esse processo se dá o nome de curadoria, um termo emprestado da área de museus, utilizado para descrever a função da pessoa que cuida da coleção e, frequentemente, identifica quais obras podem ser utilizadas de forma conjunta para uma exposição específica.

A rede social Pinterest, mostrada na Figura 9.1, é uma grande base de dados de curadoria de ideias, e sua empresa pode utilizá-la, por exemplo, para começar a coletar imagens inspiradoras, não necessariamente de produtos ou iniciativas de empresas, mas de qualquer coisa que faça sentido para ser incorporada no processo de inovação.

Figura 9.1 Imagem do vídeo *Ideas Wanted*, do Pinterest, disponível em: https://youtu.be/76-flvFiUk4. Acesso em: 31 jul. 2020.

Nesse processo, vale a pena manter-se atento a *websites* como Trendwatching (*trendwatching.com*), The Verge (*theverge.com*) e Wired (*wired.com*) para conhecer histórias inspiradoras de negócios e, também, novos produtos e novas tecnologias. Outra dica é seguir no YouTube e Instagram, entre outras plataformas, marcas inovadoras para sempre estar oxigenando com as ideias aplicadas por elas.

Novamente, aqui é interessante incentivar o time a colaborar e garantir que todos façam parte do processo de curadoria. Alguns vão estar mais engajados do que outros nesta tarefa, o que vai ajudar na próxima etapa no sentido de incentivar o surgimento de influenciadores digitais internos.

CAPÍTULO **10**

CRIE ESPAÇOS DE COMPARTILHAMENTO E ESTIMULE INFLUENCIADORES DIGITAIS INTERNOS

Um termo bastante utilizado atualmente é o de influenciadores digitais, criadores de conteúdo para internet – seja em mídias sociais ou *blogs* – cuja opinião consegue fazer com que parte de seus seguidores mude de alguma forma seu comportamento ou sua intenção de se comportar de determinada maneira. Na internet temos, hoje, grandes influenciadores com audiências que extrapolam a casa de milhões de seguidores e também, os microinfluenciadores, que normalmente possuem um volume muito menor de seguidores, mas cujo conteúdo específico de um assunto de interesse consegue ter uma influência muito profunda naquela audiência de nicho.[15] É esta dinâmica que vamos buscar incentivar dentro da empresa.

Na etapa anterior, as pessoas foram incentivadas a começarem a realizar a curadoria de ideias e soluções. É bem possível que alguns tenham se engajado nessa tarefa muito mais do que outros. Essas pessoas são boas candidatas a se tornarem **influenciadores digitais internos**. Para começar a desenvolver essa dinâmica de colaboração, é interessante mapear os espaços virtuais onde o time já compartilha conhecimento entre si. Isso porque o custo de mudar um hábito pode ser o de fracassar com a iniciativa. Verifique se o espaço virtual onde o time compartilha conhecimento pode, de alguma forma, se adaptar para se tornar um repositório de conhecimentos. Por exemplo, imagine que você utiliza um *software* para gerenciamento de projetos, como Basecamp, Monday ou Asana, e o conhecimento que o time compartilha sobre novas soluções, ideias e conceitos fica disperso entre projetos, mas as pessoas já naturalmente possuem o hábito de trocar informações por meio dessa ferramenta. Defina, então, um espaço dentro desse *software* que passe não só a centralizar conhecimento, mas também incentivar as pessoas a compartilharem ideias por esses canais. A informação poderá ficar disponível para outras áreas e estar acessível mesmo quando determinado projeto acabar.

Se identificar que sua equipe compartilha conhecimento em canais em que as informações se perdem ou fiquem restritas à conversa entre duas pessoas, por exemplo, por meio do WhatsApp ou do Slack, é uma boa ideia criar um canal onde essa troca possa acontecer. Soluções que possuem uma dinâmica de fórum, como o Discourse (*discourse.org*), mostrado na Figura 10.1, ou o Flarum (*flarum.org*), podem ser bastante interessantes.

Figura 10.1 Imagem da demonstração do *Discourse*, disponível em: https://try.discourse.org/. Acesso em: 31 jul. 2020.

Um aviso muito importante sobre esse tipo de iniciativa: se a alta administração e as lideranças formais não aderirem, postando, respondendo, participando e valorizando esse esforço de compartilhamento e troca de conhecimento, é melhor pular esta etapa. Os colaboradores rapidamente vão identificar o quanto aquele movimento é importante observando o comportamento da liderança formal da empresa. Se as pessoas virem que os líderes parecem não ter tempo para aquele espaço, elas vão entender que também não devem gastar seu tempo de trabalho naquilo. Este é um aviso bastante enfático para esse ponto da jornada de transformação digital, mas extremamente relevante para todo o processo: a liderança tem que se envolver, tem que encontrar tempo para se engajar, tem que incentivar e valorizar as iniciativas que surgirem, de forma estimulada ou espontânea.

Cap. 10 • Crie espaços de compartilhamento e estimule influenciadores... 45

Uma vez estabelecido o espaço em que tais compartilhamentos irão acontecer, é hora de apresentar este conceito para que o time possa compartilhar ideias e soluções, assim como novos conhecimentos. O fato de, anteriormente, ter incentivado as pessoas a começarem a fazer curadoria de ideias e soluções vai ajudar muito no compartilhamento de exemplos de conteúdo. É importante dizer ao time que o que se deseja é um espaço efervescente de ideias e debates, muito mais do que um local para compartilhamento de textos profundos e estruturados. Por vezes, uma pergunta, uma imagem, uma ideia, pode fomentar uma discussão que mais adiante irá gerar inovação.

É importante que sejam dados incentivos materiais ou simbólicos para as pessoas que mais compartilham e trocam ideias nesses espaços. É fundamental nesse ponto uma grande mudança de pensamento, de algo que era comum em empresas do passado para um novo conceito: saímos de uma lógica em que a pessoa mais valorizada é aquela que detém mais informações, para uma nova lógica em que a pessoa mais valorizada é aquela que compartilha mais informações. É muito comum que algumas delas não compartilhem informações ou nem mesmo gostem de registrar a forma como executam determinada tarefa para que seus espaços de poder do perito sejam mantidos. Isso faz com que a empresa fique parada no tempo, pois onde não há troca de conhecimento, não há crescimento. Por isso, valorizar as pessoas interessadas em partilhar experiências, ideias, perguntas e respostas é muito importante para a transformação digital.

CAPÍTULO **11**

REORIENTE O FOCO DA EMPRESA PARA O CLIENTE

A afirmação de que uma empresa deve ser centrada no seu cliente (normalmente, o termo usado é *customer-oriented*) deveria não somente soar como um pleonasmo, como também o ser na prática. No entanto, frequentemente, a rotina e os afazeres dentro de um negócio podem afastar o foco do cliente e o transferir para as questões políticas internas e para a dinâmica de trabalho "dentro dos muros" da empresa.[16] Além disso, a empresa pode se apaixonar tanto pelo produto que oferta, que deixa de considerar a experiência do cliente com esse produto, fazendo com que a oferta não evolua da maneira como o mercado exige.

O foco da empresa no cliente deve começar pelo estabelecimento de canais formais de escuta e pelo compartilhamento da informação que está presente nesses canais, se já existirem. É importante que a empresa utilize medidas quantitativas para acompanhar a qualidade do bem ou serviço, por exemplo, o *Net Promoter Score* (NPS). No entanto, o ouro em termos de *insights* está nas perguntas abertas, nas conversas não estruturadas e espontâneas, e no interesse real sobre o cliente.

É muito comum que, com o crescimento da empresa, a liderança vá aos poucos perdendo o contato direto com cliente, à medida que normalmente há na organização um time especializado nesta interface com o cliente. No entanto, encorajo enormemente a liderança da empresa a ter mais contato direto com o cliente final ou, pelo menos, ter acesso a conversas do cliente com a equipe de atendimento ou de sucesso do cliente, e mesmo o hábito de acessar espaços em que os consumidores falem abertamente sobre o produto da empresa. Faz toda a diferença quando a liderança mostra claramente para o time que está interessada no que o cliente tem a dizer. Os espaços de compartilhamento são excelentes oportunidades de a liderança falar com o time sobre o cliente. Mesmo a postagem de uma frase ou uma história de um cliente pode gerar uma discussão bastante vantajosa, como é o caso da Méliuz.

Méliuz e a inspiração vinda de uma cliente

A Méliuz é uma empresa inovadora que permite que o consumidor receba *cashback* de compras realizadas na internet e também em estabelecimentos parceiros. A empresa é líder no segmento em que atua, desde 2012, e seu sucesso fez com que vários outros *players* copiassem seu modelo de negócios. Nos espaços de publicação da empresa, sempre é dito o quanto o time é focado no prazer de devolver o máximo de dinheiro possível aos clientes.

Escutei a história abaixo pela primeira vez diretamente de um dos sócios da empresa, e me encantei por ela.

A empresa, que busca ter uma relação muito próxima com seus clientes, sobretudo por meio das redes sociais, se deparou com uma postagem em que a cliente Júlia contava que começou a utilizar o Méliuz com frequência quando estava preparando o enxoval para a chegada de sua filha. Como as compras de um enxoval não são poucas, rapidamente ela juntou um pequeno montante de dinheiro proveniente do *cashback*. Foi então que ela teve a ideia de criar uma poupança para a filha, a ser alimentada diretamente pelo dinheiro que viria do *cashback* de compras efetuadas na internet ao longo dos anos. Dessa forma, quando a filha estivesse maior, essa conta já teria uma boa quantia para pagar, por exemplo, uma faculdade ou um intercâmbio. Nem mesmo o time da Méliuz tinha antevisto que alguns clientes iriam buscar a manutenção de um relacionamento com a empresa focando em planos de longo prazo para suas vidas.

No *website* da empresa, é possível ver histórias assim em sua *home*, histórias que motivaram a empresa a desenvolver produtos como o cartão de crédito Méliuz em parceria com o Banco Pan, mostrado na Figura 11.1, que devolve dinheiro ao cliente em todas as compras que faz, em vez do sistema de pontos que normalmente outros cartões possuem.

Cap. 11 • Reoriente o foco da empresa para o cliente

Figura 11.1 Imagem do vídeo *Banco Pan: Como ganhar cashback com o Cartão Méliuz*, disponível em: https://youtu.be/M4lOGUBTl1c. Acesso em: 31 jul. 2020.

Fonte: LEVY, Gabriela. *Quando o negócio é dar dinheiro: essa empresa já devolveu R$ 70 milhões para clientes de e-commerce*. Disponível em: https://endeavor.org.br/desenvolvimento-pessoal/historia-meliuz-ofli-guimaraes-israel-salmen/. Acesso em: 1º ago. 2020.

Uma boa prática para humanizar o cliente é a criação de personas, isto é, um personagem concebido a partir de características comumente encontradas no grupo de consumidores para o qual a empresa busca entregar mais valor com cada um de seus produtos. As personas devem sempre ser desenvolvidas a partir de dados reais coletados junto aos clientes e, sempre que possível, trazer frases e ideias provenientes diretamente dos consumidores. Esses personagens irão ajudar o time a ter uma linguagem em comum que identifique para quem aquele produto ou determinada característica terá mais apelo ou mesmo encontrará mais resistência.

Além das personas, que ajudam a humanizar o público para o qual a empresa deseja entregar mais valor, é interessante investir na captura/criação de histórias do usuário. Esta é uma técnica que pode, inclusive, ser utilizada em conjunto com o conceito de personas. A ideia aqui é contar uma história que remonte a jornada do cliente, desde o momento em que ele identifica uma necessidade não satisfeita, passando pelo momento em que ele descobre seu produto e o seleciona dentre alternativas, até sua ação de compra, consumo e impressões pós-compra. As histórias do usuário ajudam não só a compreender melhor como seu produto, ou partes dele, se encaixa na vida dos clientes, sejam consumidores finais ou compradores profissionais, mas também de que forma suas vidas se tornam melhores com o consumo do produto.

Existem outras técnicas muito interessantes de *design thinking* que permitem estabelecer uma relação mais próxima com o cliente e reorientar a empresa para manter o foco neste relacionamento. Dentre elas, vale mencionar as técnicas *sombra* e *um dia na vida*, que consistem em, respectivamente, passar um tempo com o cliente entendendo sua rotina, suas motivações e objeções, e viver alguns dias como o cliente enfrentando suas dificuldades e experimentando o produto no contexto real de uso.

CAPÍTULO **12**

UTILIZE MÉTODOS (MAIS) ÁGEIS

Os métodos ágeis são formas de organização do trabalho que buscam, principalmente, aumentar a produtividade e adaptabilidade do time, ao mesmo tempo que permitem entregas mais frequentes de melhoria aos usuários.[17] Tais metodologias foram concebidas no contexto de desenvolvimento de *softwares* e são amplamente adotadas por *startups* e empresas de tecnologia, em geral. No entanto, em face do sucesso de tais métodos, empresas que não são nativamente tecnológicas passaram também a utilizar formas adaptadas de tais métodos para se tornarem mais leves na maneira como reagem ao mercado e às expectativas emergentes dos clientes.[18] Antes de aprofundarmos em algumas características interessantes dos métodos ágeis para a organização do trabalho, vamos ver o caso do Grupo ING e a utilização do Scrum.

ING e a busca por se tornar uma instituição financeira ágil

Até há alguns anos, pensar em bancos era normalmente sinônimo de algo burocrático, cheio de filas e nada entusiasmante. No entanto, a adoção de novas tecnologias e o crescente número de *fintechs* fizeram com que essa indústria se tornasse muito mais dinâmica, levando os grandes *players* já estabelecidos a se adaptar para navegarem mais rapidamente por este novo cenário. Hoje, já é possível se perguntar o quanto um banco é ou não uma empresa de base tecnológica, cuja experiência principal com o cliente está em maior grau relacionada com o uso de *softwares* e aplicativos.

Nesse contexto, o Grupo ING, presente em mais de 40 países, decidiu em 2015 adotar a metodologia Scrum, inspirada diretamente na forma como as *startups* organizavam seu trabalho e, especificamente, em como o Spotify, aplicativo de *streaming* de música, tinha ascendido de maneira meteórica, transformando a indústria da música por inteiro.

O ING passou a organizar seus times sob a dinâmica de *squads*, isto é, times autônomos e multidisciplinares, responsáveis de ponta a ponta por uma missão específica relacionada com a experiência do cliente com o banco.

Por exemplo, o ING tem uma *squad*, formada por profissionais de diversas áreas de especialidade, responsável de ponta a ponta pela solicitação de financiamentos. Essa *squad* tem autonomia para decidir, em consonância com o direcionamento estratégico da empresa, onde deseja inovar dentro desse produto. Essa *squad* pode, portanto, decidir que vai focar seus esforços, por um período limitado de tempo (*sprint*), na elaboração de um formulário de solicitação de financiamento muito mais intuitivo e rápido de preencher, melhorando, assim, a experiência do cliente. Essa *squad* – que pode incluir profissionais de marketing, análise de dados, desenvolvedores, *designers*, economistas – tem normalmente as habilidades necessárias para desenvolver tais projetos, buscando alcançar uma visão compartilhada pelo *product owner*, que normalmente é encarregado de estabelecer as diretrizes que devem ser seguidas e estar presentes na entrega final (*backlog*).

Nesse formato de organização do trabalho, os profissionais de mesma área, no lugar de alocados em um mesmo departamento, agora compõem *squads* diferentes, enquanto fazem parte de um mesmo capítulo (*chapter*), onde se ajudam mutuamente na resolução de problemas. Por ser uma organização muito grande e complexa, o ING ainda estrutura suas *squads* em tribos (*tribes*) que compartilham uma mesma visão para uma área mais ampla da empresa, por exemplo, produtos de financiamento ou fundos de investimento.

Responsáveis por essa dinâmica no ING contam que essa mudança foi bastante radical na maneira como se trabalhava na empresa, mas que, com o tempo e a absorção do *mindset* ágil pelo time, o banco viu sua capacidade de inovar e implementar mudanças aumentar de velocidade vertiginosamente. A Figura 12.1 mostra a imagem de um vídeo que apresenta uma iniciativa que une várias empresas holandesas no desenvolvimento de aplicações de inteligência artificial.

Cap. 12 • Utilize métodos (mais) ágeis   53

Figura 12.1 Imagem do vídeo *Kickstart AI* sobre a iniciativa de inteligência artificial que o ING faz parte, disponível em: https://youtu.be/77Tn3vB06Dk. Acesso em: 31 jul. 2020.

Fonte: ING. *What's the point of working agile?* Disponível em: https://www.ing.jobs/belgium/Jump-On/Blog/Whats-the-point-of-working-agile.htm. Acesso em: 1º ago. 2020.

Citar o exemplo do Grupo ING na adoção de métodos ágeis, e não da Netflix, Google ou Spotify, foi proposital para mostrar que existe a possibilidade de adoção de tais métodos em empresas que não são primariamente de desenvolvimento de *softwares*. Prestando consultoria para uma grande empresa de telecomunicações no Brasil, tive a oportunidade de acompanhar de perto a implementação de métodos ágeis em um negócio cuja organização de trabalho era mais tradicional, orientada por departamentos e com menos autonomia. Devo dizer que, naquele período, o time ainda estava se adaptando (e talvez faltasse bastante para que a empresa se tornasse realmente mais leve) e contava com uma empresa responsável exclusivamente pela implementação do Scrum. Assim, muitas vezes, a empresa não está no momento certo de utilizar tais metodologias de uma maneira mais pura, mas, com certeza, existem muitas formas de se inspirar nos métodos ágeis que podem elevar tanto a velocidade de trabalho do time quanto a capacidade de ele inovar.

Existem diversos métodos chamados ágeis. Embora o Scrum seja o mais popular, há outros bastante conhecidos, como XP e Crystal, e híbridos que utilizam Scrum e Kanban. Não é o propósito deste livro abordar em profundidade os métodos ágeis e, por isso, vamos focar aqui em uma lista de características comuns a tais métodos que podem inspirar a forma como sua empresa pode trabalhar:

✓ *Times multidisciplinares*: organizar times com especialidades diversas e complementares pode ser extremamente benéfico para trabalhar em projetos específicos, principalmente se grande parte dos recursos técnicos necessários estiver à disposição do time. A organização deste time multidisciplinar pode superar barreiras políticas e burocráticas que normalmente se colocam entre departamentos e tornar uma meta mais rapidamente alcançável.

✓ *Reuniões de progresso*: fazer reuniões diárias bem rápidas (15 minutos e com todos os participantes desconfortavelmente em pé) para que todos possam compartilhar no que trabalharam, quais dificuldades encontraram, se precisam de ajuda de alguém do time e no que irão focar em seguida. Essas reuniões ajudam o time a se manter alinhado em direção à meta almejada.

✓ *Histórias de usuários*: juntamente com o conceito de Personas, essa técnica consiste em criar uma narrativa que descreve como um usuário interage com o produto, explorando suas motivações, obstáculos e benefícios. Essas histórias podem ajudar o time a focar no aspecto humano que determinada melhoria irá trazer ao cliente.

✓ *Projetos menores e prazos ajustados*: o ambiente competitivo e tecnológico pode ser tão dinâmico que, realizar um planejamento extenso para um grande projeto, pode significar desperdiçar tempo pensando em uma realidade que, ao final de um projeto complexo, pode nem mesmo existir. Por isso, pensar em projetos com um escopo menor e um prazo definido, geralmente em termos de poucas semanas, traz o benefício de estar sempre testando novidades e, com isso, inovando de maneira mais rápida.

✓ *Adaptabilidade de projetos*: a rigidez de um planejamento granular pode fazer com que, mesmo ao se deparar com um possível problema para o cliente final, o time continue avançando.[19] Por isso, manter projetos mais curtos e com diretrizes adaptáveis torna o desenvolvimento de novos produtos ou características mais maleável, de acordo com o *feedback* do cliente.

Portanto, a ideia neste capítulo foi de instigar a liderança a pensar formas mais ágeis de se trabalhar, não necessariamente adotando algum *framework* específico, mas se inspirando em formas modernas de organização do trabalho. A mensagem é que, no processo de transformação digital, é importante que se encontre formas mais criativas e interativas de o time trabalhar em busca de objetivos factíveis.

CAPÍTULO 13

VALORIZE A EXPERIMENTAÇÃO E A FALHA

Atuei por vários anos exclusivamente com otimização da conversão, isto é, o processo de melhorar continuamente as taxas de vendas (ou conversão em *leads*) dos *websites*. Nesse processo, trabalhei com algumas das maiores empresas do Brasil, *startups* mais bem-sucedidas do país e também empresas da *Fortune 500* nos Estados Unidos. O foco desses projetos era descobrir por que usuários não convertiam (compravam, preenchiam um formulário ou qualquer métrica relevante para aquele *website*) e, então, formular hipóteses de como melhorar esses *websites*.

Por exemplo, digamos que, após pesquisas de natureza diversa, se descobriu que a tabela de tamanhos em um *website* era um fator que contribuía para que as pessoas saíssem do mesmo, porque não conseguiam encontrar seu tamanho ideal. Então, propunha-se uma nova versão daquela tabela de tamanhos, incorporando os aprendizados sobre o público e sobre a interface que não estava funcionando tão bem. O grande momento era justamente a realização do teste A/B, onde parte dos usuários do *website* (normalmente 50%) continuavam acessando a versão antiga e parte acessava a nova versão. Após alcançar significância estatística de que uma era melhor do que a outra, tomava-se a decisão se aquela nova tabela era melhor ou não. Se sim, ali estava a nova versão da tabela de tamanhos. Se não, trabalhava-se em outra versão da tabela de tamanhos e um novo ciclo de testes era iniciado.

A beleza de ter em mão a possibilidade de experimentar é nunca ser responsável por responder à pergunta: "Mas isso vai dar certo?". A resposta passa a ser: "Os dados indicam que sim, mas só vamos saber de verdade quando testarmos". Poder afirmar que você não tem a resposta e que um teste poderá dizer melhor tira um grande peso de responsabilidade dos ombros, e é justamente esse peso que quero que você tire de suas costas e de sua equipe ao abraçar a experimentação e o erro.

Você pode estar pensando nesse ponto que realizar um teste A/B em um *website* pode ser muito fácil, porque é possível ter duas versões ao mesmo tempo e utilizar um *software* para dividir o tráfego de usuários, mas que, em contextos *off-line* ou híbridos, isso não pode ser uma realidade. Bom, vou então contar um caso que presenciei e que mostra qual é o espírito da experimentação e o quanto ele é poderoso para motivar as pessoas a inovarem.

Perto da minha casa, localiza-se a matriz de uma grande rede de padarias, a qual frequento com assiduidade e cujos produtos são de excelente qualidade. Certo dia fui buscar algo para o lanche da tarde e me surpreendi ao ver o confeiteiro, com seu uniforme e touca característicos, junto a três bandejas no salão principal do estabelecimento. Ele então me convidou entusiasmado para conhecer uma receita de strudel de maçã (sobremesa alemã que lembra um folhado) que ele tinha aprendido no final de semana. O confeiteiro me disse que estava testando para ver se os clientes iriam gostar e que, se eu levasse para casa, ele gostaria muito de saber minha opinião. De fato, levei a sobremesa, que estava maravilhosa, e fiz questão de dar o *feedback* posteriormente. Agora vejo todas as semanas o strudel de maçã na padaria e, com frequência, eu compro, principalmente quando ainda está quentinho. E mais, adoraria poder provar mais receitas novas desse confeiteiro sempre que elas saíssem do forno. E, para não dizer que não falei de um pequeno passo na jornada de transformação digital nesse caso, a padaria perde exatamente uma chance de ter um canal de comunicação comigo, por exemplo, por uma simples conta no WhatsApp, que me informasse o horário de uma receita nova, convidando-me para ir lá provar. Com certeza, eu e muitos outros clientes iríamos, e isso, inclusive, aprofundaria nosso relacionamento com a rede. Bastaria um acréscimo simples de tecnologia e um pequeno passo no processo contínuo de transformação digital, que é exatamente a aplicação do modelo mental de encontrar formas de agregar valor com novas tecnologias, não necessariamente complexas ou dispendiosas.

O importante nessa história é que aquele colaborador teve a liberdade dentro daquele contexto de negócio e, também, a iniciativa para fazer uma receita que tinha aprendido e colocá-la como um teste de mercado imediatamente. É possível dizer que ele teve uma atitude de *extreme ownership*, preocupando-se de fato em expandir a oferta de valor do negócio e ampliar sua função para fazer com que aquilo acontecesse. Além disso, a autonomia delegada ao confeiteiro, com certeza, teve um impacto muito positivo na maneira como ele estava no salão, entusiasmado vendendo sua ideia para os clientes.

Esses são os poderes da experimentação: reduzir o compromisso com o acerto, dar às pessoas a chance de se expressarem com maior autonomia e trazer a possibilidade de ter respostas mais rápidas sobre o que funciona e sobre o que não funciona. Imagine se a sua equipe pudesse agir como esse confeiteiro, será que ela já teria criado e testado ideias que poderiam, hoje, agregar mais valor aos clientes? Os experimentos e a redução do compromisso do erro ou acerto favorecem esse espaço, em que as pessoas possam ser intraempreendedoras, gerando inovações a partir de dentro da organização e não tendo que sair dela para tal.

Cap. 13 • Valorize a experimentação e a falha

É importante destacar que nem todos os profissionais da empresa têm como característica abraçar a exploração. Por isso, em uma mesma empresa podem ter aqueles colaboradores que estarão focados em garantir que os negócios existentes se aprimorem e gerem o maior lucro possível e, também, aqueles que serão desbravadores, que vão se arriscar em novas iniciativas para trazer novos negócios viáveis por meio da experimentação.[8]

Um aprendizado que as *startups* também trouxeram ao mundo dos negócios foi a ideia de **iterar** e **pivotar** com velocidade. Mas o que isso significa? No ramo de negócios, **iterar** é o processo de conceber novos produtos ou adicionar características aos produtos atuais com velocidade e aprender com esse processo. Quanto mais rápido o negócio fizer iterações, mais ele irá aprender. E o conceito de **pivotar** está relacionado com a mudança do modelo de negócios, utilizando-se um ou mais recursos-chave para desenvolver um novo produto e colocá-lo no mercado para ser testado. Significa explorar novas possibilidades com velocidade.

Dentro desse contexto, ficou muito conhecido o conceito de *lean startup*,[20] o qual está ilustrado na Figura 13.1, onde seu ciclo é demonstrado.

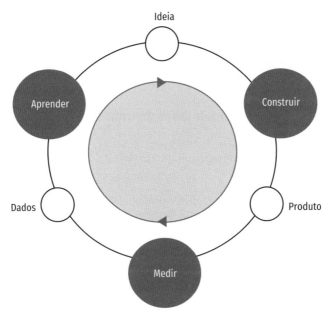

Figura 13.1 Ciclo *lean startup*.
Fonte: adaptada de Ries (2011).

Esse ciclo mostra o processo de iterar, onde as ideias criadas são rapidamente colocadas em produção, de uma forma que seja possível testá-las. Esse teste deve ter algumas métricas que dirão o quão bem-sucedido aquele produto ou característica se saiu. Os dados do teste devem servir para que a empresa aprenda com velocidade e esse aprendizado alimente seu novo ciclo iterativo.

Vale destacar que esse ciclo de inovação é perfeitamente compatível com a ideia de formar times mais ágeis. Por isso, esses conceitos são ótimos para a implementação de uma iniciativa de transformação digital. Mais adiante, neste livro, vamos explorar muitos modos de testar ideias, seja instituindo um projeto de *crowdfunding*, *pop-up stores*, *landing pages*, protótipos encenados, entre outros. Essas possibilidades vão ajudar a tangibilizar a maneira pela qual a experimentação pode ser mais bem realizada em seu negócio.

Ter na empresa um espaço *maker* – um local que oferece ferramentas digitais e analógicas para realização de *workshops* criativos e, frequentemente, permitindo ir até a prototipação com a impressão 3D – pode criar um ambiente em que as pessoas se sintam menos presas às amarras organizacionais para ter novas ideias. O Google gosta de dizer que os colaboradores da empresa devem se sentir como na garagem de suas casas, onde possam explorar ideias de forma mais livre e descompromissada com a necessidade de dar certo (esse uso da garagem é mais comum nos Estados Unidos, onde elas comumente são transformadas em oficinas).[21]

Vamos ver em seguida como a Lego utilizou o conceito de experimentação para lançar um novo produto para o público adulto.

LEGO Forma e um novo teste de mercado para adultos

A LEGO é uma empresa que, focando em sua essência, se reinventou nos últimos anos, de uma maneira muito especial. Mesmo vendo a patente de seu tijolo clássico expirar, a empresa continuou crescendo e apostando no licenciamento de franquias como Simpsons e Harry Potter, produzindo filmes, *videogames* e mantendo sua perspectiva em todos esses produtos no sentido de explorar a criatividade e a imaginação.

A empresa tem muitos fãs adultos que consomem seus produtos, seja os *kits* básicos do LEGO City, seja produtos mais sofisticados como o LEGO Architecture, já com o foco exatamente nas pessoas mais crescidinhas. A experiência de montar algo palpável tem um apelo forte nos dias de hoje, onde temos uma desconexão constante com o mundo tátil em razão de nosso mergulho constante no universo virtual.

No entanto, pesquisas da empresa junto ao público adulto chegaram a dois problemas essenciais quanto aos seus *kits* mais orientados para crianças ao serem consumidos por adultos: o primeiro deles está ligado ao desafio de montagem, onde, embora *kits* maiores não sejam tão rápidos para finalizar, não há exatamente um desafio real para os adultos; e o segundo é que, após finalizarem a montagem, pessoas adultas não necessariamente se sentem à vontade para exibir o *kit* montado em sua sala de estar, por exemplo.

Assim, a LEGO resolveu montar um time interno, nos moldes dos métodos ágeis, para criar um produto em alguns meses e enviá-lo para clientes em menos de um ano. A equipe multidisciplinar foi capaz de em quatro meses construir um protótipo de produto para adultos que resolvesse os dois problemas identificados anteriormente. Esse produto foi denominado LEGO Forma, uma construção baseada nas formas da natureza, mais complexa de ser montada, e que os adultos teriam orgulho de deixar em exibição como um objeto de decoração, como mostrado na Figura 13.2.

Figura 13.2 Imagem do vídeo *LEGO Forma: First of its Kind Partnership with Indiegogo*, disponível em: https://youtu.be/r1zjYGXiE2w. Acesso em: 31 jul. 2020.

No entanto, lançar esse produto em larga escala para a LEGO exigiria um grande investimento inicial em um conceito totalmente novo para a empresa. Por isso, o time de marketing da empresa optou por um projeto de *crowdfunding* para realizar o teste de mercado desse produto.

Crowdfunding, ou financiamento coletivo, permite colocar um produto ou projeto para ser financiado pelo mercado consumidor, normalmente ainda estando em fases de desenvolvimento. Existem diversas plataformas, como KickStarter, Catarse e Kickante, que apoiam projetos dessa natureza. Normalmente, esses projetos envolvem a definição de uma meta de recursos a serem alcançados e uma série de bônus para as pessoas que financiarem os projetos, de acordo com o montante investido. Muitas vezes, esses projetos também são do tipo "tudo ou nada", em que, caso a meta não seja alcançada, os apoiadores não dispendem recursos.

É interessante ver uma empresa do porte da LEGO utilizar uma plataforma de financiamento coletivo. Isso quer dizer, uma empresa que teria, em princípio, recursos suficientes para desenvolver o projeto, prefere verificar, ainda em sua fase de desenvolvimento, se há interesse suficiente naquela ideia para, então, seguir adiante. E isso ocorre exatamente pela valorização da experimentação, que, por sua vez, tira a obrigação de acertar. Ou seja, se o projeto não for financiado, o importante é aprender sobre como fazer um financiamento coletivo, sobre como o público respondeu àquele produto e se preparar para uma nova iteração.

Esse projeto específico da LEGO utilizou a plataforma do IndieGoGo, que tinha como meta 500 apoiadores, número suficiente para financiar seu desenvolvimento e a produção de um primeiro lote. O projeto teve ao todo 6.673 apoiadores, 1.334% em relação à meta original, em uma resposta muito positiva do mercado para a empresa seguir adiante com produtos voltados para o público adulto.

Fonte: INDIEGOGO. *LEGO Forma: Add a Splash of Creativity to Your Day.* Disponível em: https://www.indiegogo.com/projects/lego-forma-add-a-splash-of-creativity-to-your-day#/. Acesso em: 1º ago. 2020.

RESUMO

Alguns dos pontos principais apresentados nesta Parte 2:

1. A cultura da empresa precisa ser transformada para abarcar uma iniciativa de transformação digital e a liderança da empresa precisa se envolver em todo o processo.
2. Traçar um panorama geral do uso da tecnologia atual na empresa irá garantir que o time vislumbre a direção de transformação que se deseja seguir.
3. Estimular a curadoria, criação e compartilhamento de ideias e soluções que aplicam novas tecnologias contribuirá para que o time se envolva no processo de transformação digital e crie repertório para inovar.
4. O foco no cliente manterá a empresa na direção certa para a transformação digital.

A combinação de métodos (mais) ágeis de organização do trabalho com uma cultura de experimentação irá dar à empresa a leveza necessária para a iniciativa de transformação digital.

PARTE **3**

CANVAS DE TRANSFORMAÇÃO DIGITAL

Capítulo 14. Por que um Canvas de transformação digital?

Assista ao vídeo exclusivo para esta parte.

Capítulo 15. O Canvas de transformação digital

Capítulo 16. Direcionamento estratégico

Capítulo 17. Novas tecnologias digitais

Capítulo 18. Recursos e atividades-chave da empresa

Capítulo 19. Inspirações

Capítulo 20. Expectativas emergentes

Capítulo 21. Geração de ideias

Capítulo 22. Experimentos

Nesta Parte 3, as seguintes questões serão abordadas:

1. Por que e como conduzir um *workshop* para geração de ideias para a transformação digital?

2. Quais elementos são importantes na geração de ideias e como eles podem ser organizados em uma ferramenta no estilo Canvas?

3. Como os elementos do Canvas de transformação digital se inter-relacionam e o que é preciso para preparar um *workshop* bem-sucedido?

4. Quais são os exemplos de tipos de experimentos e como organizar as ideias em uma hipótese para teste?

CAPÍTULO 14

POR QUE UM CANVAS DE TRANSFORMAÇÃO DIGITAL?

Existe um grande valor em reunir pessoas provenientes de diferentes áreas da empresa, com uma visão única sobre o valor entregue ao cliente, e utilizar o momento para gerar ideias do que pode ser testado dentro da iniciativa de transformação digital. Com frequência, sessões comuns de *brainstorm* podem carecer de um direcionamento ou instrumento que permita um alinhamento no modelo mental que aquelas pessoas estão utilizando para chegar a soluções para o problema proposto.[22] Assim, a técnica de utilizar painéis, proveniente do *design thinking*, foi bastante disseminada com o Canvas de Modelo de Negócios[23] (*Business Model Canvas*). Nessa ferramenta, os autores conseguiram criar um modo de enxergar modelos de negócios que tornou o processo de pensá-los em algo mais tangível, organizado e até mesmo divertido para explorar caminhos e possibilidades.

Desde o lançamento do Canvas de Modelo de Negócios, tornou-se uma prática muito adotada nas empresas, principalmente nas mais inovadoras, a realização de sessões descontraídas, repletas de *post-its* coloridos e com um painel no meio, capaz de alinhar o pensamento em uma mesma direção. Eu mesmo participei de mais de dezenas de sessões desse tipo, com ferramentas distintas como o Canvas de Modelo de Negócios[23], Canvas de Proposta de Valor[24] e Painel de Tendências de Consumo.[25] Particularmente me espanto como um instrumento de papel pode ajudar uma equipe – que, a princípio, não tinha nenhuma ideia que poderia ser considerada boa ou útil – a trabalhar e, em cerca de uma hora, já ter algumas ideias excepcionais para apresentar uns aos outros. Assim, tão logo comecei a lidar diretamente com transformação digital, passei a pensar em uma ferramenta que pudesse trazer esse mesmo espírito de coletividade e profusão de ideias para o processo de transformação digital de um negócio. A Figura 14.1 brinca com o fato de que talvez, desde a pré-história, as paredes eram utilizadas para registrar e pensar em novas táticas.

Figura 14.1 Charge sobre dinâmicas de ideação primitivas.
Admir Roberto Borges

O Canvas apresentado neste livro é o resultado de mais de um ano de iteração e testes para chegar a uma ferramenta que pudesse ser trazida para a mesa (ou para a parede) e imediatamente alinhar o pensamento na direção de pensar inovações que utilizassem novas tecnologias que melhorassem processos e/ou adicionassem valor à experiência do cliente.

Diferentemente de alguns outros painéis, no entanto, mais rica será a profusão de ideias gerados pelo time se houver uma preparação anterior à dinâmica do *workshop*. Por isso, na Parte 2, abordamos um passo a passo para embarcar o time na transformação digital e preparar o terreno para a inovação. Este Canvas pode ser útil já nos primeiros momentos de sensibilização, mas ele irá brilhar no momento em que todos já tiverem feito algum tipo de curadoria de ideias e soluções, pensado melhor nas vantagens competitivas da empresa ao agregar valor para os clientes em seus produtos e, também, conhecendo novas tecnologias que têm sido aplicadas por negócios inovadores (a Parte 4, especialmente, irá contribuir com uma pequena biblioteca de tecnologias digitais e inspirações de suas aplicações).

No próximo capítulo, o Canvas de transformação digital será apresentado, seguindo-se uma explicação mais profunda de cada um de seus blocos, assim como exemplos ricos de como empresas aplicaram seus conceitos de maneira bem-sucedida. Já estou ansioso para saber como foi sua experiência em colocar este Canvas para funcionar com uma equipe entusiasmada e receber notícias das inovações cuja fagulha começou da interação entre esses blocos.

CAPÍTULO **15**

O CANVAS DE TRANSFORMAÇÃO DIGITAL

O objetivo do Canvas de transformação digital é ser um instrumento que ajude na facilitação de *workshops* para geração de ideias e seu desdobramento em experimentos viáveis que sejam capazes de conduzir a empresa no processo de transformação digital. Este instrumento permite que os participantes do *workshop* estejam alinhados, a partir do direcionamento estratégico da empresa, na compreensão dos cenários interno, competitivo e tecnológico, cuja interação forma as expectativas emergentes dos consumidores.

Recomenda-se utilizar este Canvas da seguinte forma:

✓ Atividade:
  ➢ Em *workshops* com equipes de 4 a 6 pessoas.
  ➢ Com um tempo determinado entre 20 a 40 minutos para criação do Canvas e mais cinco minutos de apresentação de cada equipe.
  ➢ Em várias sessões para que diversas ideias possam ser desenvolvidas e não haja um afunilamento precoce nas primeiras que surgirem.
  ➢ Como um instrumento integrante de uma iniciativa mais ampla de transformação digital.
✓ Ambiente:
  ➢ Disponibilidade para colar o Canvas em paredes, para melhor visualização, ou então no centro de uma mesa redonda.
✓ Materiais:
  ➢ Com *post-its* coloridos, o que contribuirá para que a equipe não fique presa a nenhuma ideia já apresentada e se sinta à vontade para colocar e retirar cada nota adesiva conforme a discussão for evoluindo.

Neste livro, o Canvas de transformação digital é apresentado em um formato vertical, como se vê na Figura 15.1. Essa figura está disponível, no formato horizontal, como material suplementar do livro. Veja o passo a passo para o acesso na página anterior ao Sumário.

Para demonstrar a dinâmica de preenchimento do Canvas de transformação digital, disponibilizamos no QR Code da Figura 15.1 um vídeo no qual é possível aprender como o Canvas pode ser utilizado na leitura de um contexto e na geração de ideias e experimentos para a Transformação Digital.

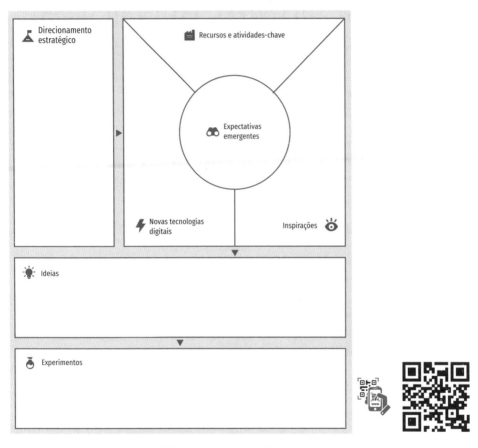

Figura 15.1 Canvas de transformação digital.
Fonte: elaborada pelo autor.

Nos capítulos seguintes, vamos explorar cada um dos blocos, dando algumas dicas de como eles devem ser trabalhados e pensados em *workshop*.

CAPÍTULO 16

DIRECIONAMENTO ESTRATÉGICO

Figura 16.1 Charge sobre a importância do alinhamento.
Admir Roberto Borges

Direcionamento estratégico é a definição de que tipo de empresa se deseja liderar no futuro. Podemos fazer três perguntas para definição do direcionamento estratégico da empresa:[23]

- ✓ O que você aspira que a sua empresa seja?
- ✓ Em quais arenas você deseja competir no longo prazo (mercados, regiões geográficas, tecnologias etc.)?
- ✓ Qual tipo de desempenho financeiro você deseja alcançar?

No entanto, antes de responder diretamente a essas perguntas, é interessante explorar o conceito de círculo dourado[26] (*golden circle*). Este conceito desafia as empresas a refletirem sobre a razão pela qual elas existem, a começar pelo "por quê?". Só após definir o porquê de a empresa existir, é pertinente seguir para as perguntas "como?" e "o quê?", como mostrado na Figura 16.2.

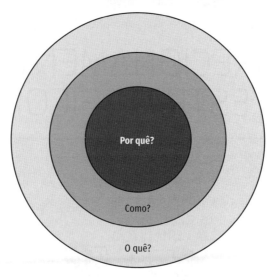

Figura 16.2 Círculo dourado (*golden circle*).
Fonte: adaptada de Sinek (2009).

Em outras palavras, os conceitos do *golden circle* preconizam que, primeiramente, a empresa deve definir qual é sua missão no mundo, seu propósito, aquilo pelo qual os líderes e colaboradores devem lutar e defender (por quê?). Com esse propósito inspirador definido, é hora de pensar em qual método ou abordagem a empresa utilizará para seguir sua missão (como?). E, por fim, e somente aí, é que se pensa em quais são os produtos (bens e serviços) que a empresa disponibilizará no mercado para seus consumidores ("o quê?").

Vamos a um exemplo fictício. Imagine que uma rede de farmácias defina o *golden circle* da seguinte forma:

- ✓ Razão pela qual existimos (por quê?): acreditamos que a saúde é o bem mais precioso que todos nós temos.
- ✓ Abordagem (como?): se importar extremamente com a saúde do cliente como se ele fosse de nossa própria família.
- ✓ Oferta (o quê?): oferecer os melhores produtos de saúde e bem-estar em um ambiente acolhedor e com atendimento personalizado.

A ideia é que, estando clara a razão inspiradora pela qual a empresa existe, é muito mais fácil desdobrar sua abordagem e o que, de fato, ela irá oferecer ao mercado consumidor. Nesse exemplo, é fácil afirmar que um aplicativo que ajuda a cuidar da saúde da pessoa alertando-a quando tomar um remédio (e, se preciso, também conectando-a ao farmacêutico, por exemplo) se encaixa perfeitamente como uma inovação dentro da iniciativa de transformação digital desse negócio.

Por isso, no Canvas de transformação digital, o direcionamento estratégico é seu item primeiro, de modo a lembrar que esta definição deve perpassar qualquer ideia a ser testada pela empresa.

Assim, a sugestão é que este preenchimento não seja tão estruturado ou rígido, mas sim uma oportunidade de se discutir o que se deseja que a empresa se torne. Pode-se também incluir aqui algum objetivo estratégico específico para um horizonte de curto, médio ou longo prazo. Vale ressaltar que os objetivos estratégicos serão mais bem fundamentados se a empresa estiver atenta ao ambiente competitivo e, também, escutando e orientada para seu cliente, como já falamos anteriormente, realizando pesquisas de satisfação e mantendo seus canais de comunicação abertos para esse diálogo.

Uma dica importante é aplicar ao direcionamento estratégico da empresa e a sua missão inspiradora o que o Google chama de pensamento "10X", ou seja, em vez de pensar de forma incremental em como melhorar suas operações ou ofertas, pensar de maneira disruptiva e transformadora no que a empresa buscará resolver, de forma que não haja soluções óbvias para tal problema.[21]

Vamos voltar ao exemplo da rede de farmácias aqui citada. Uma pergunta derivada da razão pela qual a empresa existe pode ser "**como podemos lembrar nossos clientes de que seus remédios estão acabando e que eles precisam fazer uma nova compra?**". Essa é uma pergunta que leva a uma melhoria incremental na oferta da empresa, resolvida com um sistema de cadastro alimentado no momento da compra e que envia uma mensagem SMS para o cliente no prazo determinado. Com certeza, é uma iniciativa válida para adicionar valor à interface com o cliente. No entanto, para o pensamento "10x" (multiplicado por dez) do Google, essa pergunta não é inspiradora ou radical o suficiente para motivar a transformação do negócio, porque sua resposta se afunila em um ponto específico de melhoria mais ou menos óbvio.

Uma pergunta mais inspiradora para essa rede de farmácias seria "**como podemos cuidar da saúde de nossos clientes como se eles fossem de nossa própria família?**". Essa pode não ser a pergunta perfeita e talvez você consiga pensar em uma melhor, mas ela já abre um leque de possibilidades para uma resolução transformadora. A partir dela, por exemplo, a rede de farmácias pode implementar um modelo de negócio por assinatura, em que o cliente paga um valor recorrente, de acordo com suas receitas – que podem ser carregadas diretamente pelo aplicativo sem a necessidade de se deslocar até a farmácia –, e recebe automaticamente os remédios uma semana antes que acabem. Essa mudança de modelo de negócio teria um potencial muito maior de gerar uma fonte de receitas previsível que permitiria ao negócio escalar sem a necessidade de aumentar custos fixos referentes à operação onerosa de novas lojas físicas.

Vamos ver o exemplo de como a IKEA, com base na clareza de seu direcionamento estratégico, aproximou sonho e realidade para o consumidor em seu aplicativo IKEA Place. Neste e em outros casos desta Parte 3, vamos visualizar como os conceitos de determinado bloco interagem e evoluem nos demais blocos do Canvas de transformação digital. O foco será sempre estrito a algum aspecto pontual do caso a ser mostrado e, por isso, haverá uma linha-guia de raciocínio, que não passa necessariamente por todos os blocos ou os explora de forma exaustiva.

IKEA Place App e a visualização de ideias e sonhos

Muitos consumidores, ao comprarem móveis, experimentam o quanto a logística e o estoque são pontos sensíveis nesse setor. Com produtos de maior valor agregado, frágeis (já que qualquer arranhão pode fazer o consumidor rejeitá-lo) e que, muitas vezes, exigem uma montagem especializada, o comércio de móveis sempre busca equilibrar custos de frete, prazos e o apelo que tem a promessa de pronta-entrega.

A IKEA é uma empresa sueca que começou suas atividades em 1943, como um comércio de variedades, como canetas, carteiras e molduras. Aos poucos, o negócio foi evoluindo para a fabricação de móveis, mas seu grande diferencial viria somente em 1956. Após uma de suas unidades produzir uma embalagem plana para acomodar sua icônica mesa LÖVET com os pés desmontados, foi possível identificar o alto valor naquela indústria de manter um volume de estoques maior e de compartilhar com o consumidor a responsabilidade de montagem do móvel.

Hoje, com mais de 400 lojas ao redor do mundo, a IKEA é referência em vários aspectos importantes na indústria de móveis: baixo custo, alta qualidade, *design*, disponibilidade e montagem facilitada. Ao longo do tempo, a empresa evoluiu e, hoje, oferece móveis de alta qualidade que podem ser montados com facilidade pelos clientes e armazenados em caixas que podem, na maior parte das vezes, ser transportadas de carro.

O direcionamento estratégico da IKEA é muito claro e pode ser resumido na sua frase "criar uma vida cotidiana melhor para o maior número de pessoas" e desdobrado pelo conceito de "oferecer móveis com bom *design* e funcionais por um preço tão baixo que um grande número de pessoas poderá tê-los". A ideia aqui é clara, uma oferta com excelente relação entre custo e benefício, que possibilite democratizar o bom *design*.

Sob o guarda-chuva deste direcionamento estratégico, a IKEA lançou, em 2017, o aplicativo IKEA Place, que, naquela ocasião, inovava ao levar uma aplicação da tecnologia de realidade aumentada diretamente para o consumidor. O aplicativo introduziu a ideia de utilizar o *smartphone* e apontá-lo para determinado ponto de sua casa e, então, visualizar como aquele espaço ficaria com um móvel da IKEA, como mostrado na Figura 16.3. Nada mais democrático do que permitir que as pessoas visualizem suas ideias antes de comprar o produto, atuando como decoradoras de seus próprios ambientes.

Figura 16.3 Imagem do vídeo *Bridging the imagination gap with IKEA Place*, disponível em: https://youtu.be/vMBTlypMgz8. Acesso em: 31 jul. 2020.

Vamos ver no Canvas de transformação digital, na Figura 16.4, como pode ser traçada uma linha-guia entre o direcionamento estratégico da IKEA e a ideia de um aplicativo que propiciasse uma experiência inovadora ao consumidor. Não se preocupe com o fato de que os outros blocos ainda não foram apresentados, pois eles serão detalhados nos próximos capítulos e você sempre pode voltar aqui para observar algum detalhe novo que tenha aprendido.

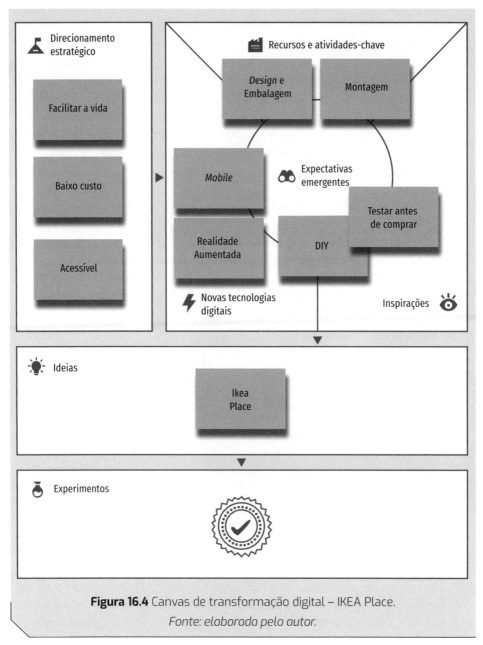

Figura 16.4 Canvas de transformação digital – IKEA Place.
Fonte: elaborada pelo autor.

Fonte: IKEA. *Say hej to IKEA Place*. Disponível em: https://www.ikea.com/au/en/customer-service/mobile-apps/say-hej-to-ikea-place-pub1f8af050. Acesso em: 1º ago. 2020.

CAPÍTULO 17

NOVAS TECNOLOGIAS DIGITAIS

Figura 17.1 Charge sobre estabelecimento de parcerias.
Admir Roberto Borges

Estamos cercados por tecnologias digitais do momento em que acordamos até a hora em que vamos dormir e, para alguns, até mesmo quando estão dormindo. Utilizamos ao longo do dia nossos *smartphones* algumas dezenas de vezes, trabalhamos com *laptops* e *desktops* e assistimos séries e filmes em *Smart TV*. Alguns ainda vestem braceletes e relógios que medem passos, exercícios, calorias e dizem até quando respirar. Há ainda uma miríade de dispositivos inteligentes por aí, como os robôs aspiradores, lâmpadas controladas por *smartphone*, e a lista continua aumentando. Isso tudo apenas no âmbito de consumo pessoal, porque, hoje, as indústrias, principalmente as que estão buscando atualização na chamada Indústria 4.0, utilizam robôs em seus processos fabris, *drones* para transporte e monitoramento, todo tipo de sistema de segurança interligado e controlado por reconhecimento facial ou por digitais, entre muitas outras tecnologias de automação. Assim, não há como voltar atrás, as tecnologias digitais vão continuar surgindo e transformando cada parte de nossas vidas e dos negócios. Quem não fizer o melhor uso delas ficará obsoleto.

O termo "tecnologias digitais" é bastante amplo e abarca todo tipo de produto ou solução que tenha interface com dispositivos computadorizados, armazenando e processando informações. Atualmente, cada vez mais tecnologias digitais acessam e são acessíveis pela internet, formando uma camada extra de controle e de troca de informações em tempo real.

Mais adiante, na Parte 4, será apresentado um pequeno catálogo com as tecnologias digitais mais relevantes para os negócios atualmente. Essas tecnologias vão desde a automação industrial até a realidade aumentada, que cada vez mais vai encontrando os espaços em que pode ser mais útil.

Há, portanto, com o grande número de tecnologias digitais, dificuldade de encontrar a solução que, de fato, vai proporcionar um grande impacto em um negócio específico, seja em termos de eficiência operacional e redução de custos, seja no sentido de agregar mais valor e proporcionar novas experiências para os clientes. Essa realmente não é uma pergunta em que há uma resposta que sirva em todos os casos.

Existem, obviamente, respostas comuns porque a prática de determinado setor encontrou um uso eficiente de determinada tecnologia. Por exemplo, restaurantes, hoje, podem expandir seu mercado e aumentar sua receita utilizando aplicativos próprios ou de terceiros para *delivery*. Essa tecnologia se provou tão útil e compatível nesse contexto que as empresas que não adotam possivelmente têm retornos abaixo da média, a não ser que tenham uma estratégia de ignorar a comida *delivery* e focar na experiência.

Por outro lado, o uso de *drones*, por exemplo, está sendo experimentado em diversas indústrias de formas diferentes, na agricultura como pulverizadores, no comércio eletrônico e em plantas industriais como transportadores e até mesmo no futebol, para registro de imagens e dados sobre o comportamento e posicionamento dos atletas durante o treino.

Em função do caráter experimental com que novas tecnologias vão aos poucos sendo utilizadas em diferentes áreas, as empresas que buscam ser inovadoras lidam com a possibilidade de obterem vantagens competitivas a partir da exploração daqueles recursos antes que os concorrentes o façam, mas também com a possibilidade de não obter retorno do capital investido. Mesmo com essa dualidade de futuros possíveis, se a empresa estiver imbuída em experimentar rapidamente e aprender, esses riscos são mitigados pela velocidade de iteração de novas soluções, onde tentativas consecutivas irão se aproximando de uma aplicação com impacto positivo.

Por isso, há um âmbito muito importante na adoção de tecnologias que é a necessidade de fazer parcerias com empresas de tecnologia.[27] Por exemplo, já mostramos neste livro o caso da empresa O Boticário, que se juntou à SAP para desenvolver uma solução de gôndola inteligente. E isso é a norma dentro do desenvolvimento de soluções tecnológicas. Em geral, não cabe à empresa cuja atividade-fim é o atendimento ao consumidor final, por exemplo, tentar desenvolver totalmente dentro de casa uma solução de inteligência artificial para algum fim específico. Investir recursos fora de seu negócio principal (*core business*) é normalmente uma subutilização dos recursos investidos. Assim, muitos passos são avançados se essa empresa encontrar o parceiro certo para tal jornada. Por meio de parcerias e de novos modelos de utilização de tecnologias, os custos podem ser bastante mitigados. Esse parceiro tanto pode contribuir diretamente na operação, quanto as parcerias podem se desenvolver na cadeia de valor da empresa, incluindo seus fornecedores. Vamos ver a seguir como a Pollux ajuda empresas a reduzirem o risco de adoção de tecnologias de automação industrial.

Pollux e a oferta de *Robots as a Service*

A Pollux é uma empresa especializada em manufatura avançada, robótica colaborativa, robótica móvel, sistemas de visão e internet industrial. A Pollux ajuda empresas a automatizarem suas operações por meio de novas tecnologias digitais, incluindo robôs inteligentes para linha de montagem e veículos autônomos para movimentação de *pallets* dentro da planta industrial.

Como a compra de um robô e sua manutenção pode ser muito cara para uma indústria de menor porte ou para empresas que ainda não sabem o quanto aquela tecnologia trará vantagens palpáveis a seus processos, a Pollux oferece uma modalidade chamada "Robô como Serviço" (*Robot as a Service*) em que oferece os robôs colaborativos para apoio das operações na linha de montagem no modelo de locação, incluindo seus serviços de engenharia, instalação, manutenção e suporte.

Esse formato reduz bastante o risco inicial de apostar na tecnologia, assim como permite que o caixa da empresa continue disponível para outros investimentos. A Figura 17.2 mostra um robô da Pollux em um ambiente industrial.

Figura 17.2 Imagem do vídeo *Robô que faz baliza? Sim, o AMR da Pollux faz!*, disponível em: https://youtu.be/CTItZPurzCc. Acesso em: 31 jul. 2020.

Assista ao vídeo sobre este caso acessando o QR Code:

Fonte: POLLUX. *A Pollux é líder em robótica colaborativa na América do Sul.* Disponível em: https://www.pollux.com.br/solucoes/robotica-colaborativa/. Acesso em: 1º ago. 2020.

Muitas organizações estão se valendo de uma nova forma de contratar soluções para seus desafios, que, em vez de sair ao mercado buscando fornecedores específicos, abre-se uma espécie de edital para que empresas de tecnologia possam fazer uma apresentação rápida de suas soluções (*pitch*) e mostrar como podem firmar uma parceria valiosa, em uma iniciativa de inovação aberta (*open innovation*).

Além disso, existe um movimento de empresas grandes comprarem ou incorporarem *startups* e *scale-ups* (empresas com base tecnológica que já possuem uma escala interessante de clientes atendidos) ou, então, investir em espaços colaborativos para compor ambientes propícios de modo que as empresas de tecnologia residentes desenvolvam soluções inovadoras, sempre mantendo um relacionamento próximo com as patrocinadoras ou mantenedoras daquele espaço.

Há, também, a possibilidade de fazer parcerias com universidades, normalmente intermediadas por fundações ou empresas com *expertise* em catalisar esse relacionamento e mediar essa interface, para que sejam desenvolvidas soluções inovadoras especificamente para as empresas.

Para o preenchimento deste bloco no Canvas de transformação digital, é interessante seguir os seguintes princípios:

✓ Mapear de uma a três tecnologias digitais que serão trabalhadas naquela sessão de *workshop* específica.

✓ Não necessariamente pensar em soluções que integrem as tecnologias digitais selecionadas para àquela sessão, podendo, assim, gerar ideias que abordem apenas uma das tecnologias.

✓ Trazer, como moderador, um conhecimento básico sobre aquelas tecnologias e apresentá-las ao time no início do *workshop*, ou, então, pedir para que o time leia e pesquise um pouco sobre elas antes da sessão.

Vamos ver como o Hermes Pardini, empresa de medicina diagnóstica e preventiva, utilizou a tecnologia de realidade aumentada para oferecer uma nova experiência a seus clientes.

Hermes Pardini e a aventura da vacina

Agulhas podem ser ameaçadoras. Por isso, muitos adultos e crianças sofrem quando precisam tomar uma injeção. Basta ir em qualquer laboratório e ficar perto da sala de coleta de sangue para ver o quanto as crianças, principalmente, deixam bem clara sua insatisfação com o procedimento.

Esse problema afeta vários aspectos do serviço, tais como: a vacina pode demorar mais a ser aplicada quanto maior o nível de estresse da criança; o inchaço e vermelhidão podem aparecer quando a criança está agitada; a experiência negativa faz com que os pais tenham dificuldades de levar a criança até o laboratório em uma próxima ocasião, causando estresse também nos responsáveis.

Com isso em mente, a rede de laboratórios Hermes Pardini, em parceria com a agência Ogilvy Brasil e a produtora Vetor Zero, utilizou vários conceitos interessantes e atuais para criar a VR Vacina.

Começa assim, a criança a ser vacinada vai até uma sala especial com uma temática lúdica e recebe óculos de realidade virtual para *smartphones* (um boxe/suporte para *smartphones* com lentes que permitem a visualização de conteúdos 3D gerados na tela). Já com os óculos, a criança está imersa em uma realidade virtual onde ela é convidada a conhecer um universo fantástico cujos personagens precisam de sua ajuda para derrotar um inimigo.

Durante a história, a personagem interage com a criança dizendo que irá colocar um elemento de gelo no seu braço e depois um de fogo, no universo de fantasia mostrado na Figura 17.3. A enfermeira também acompanha o que está acontecendo no vídeo por um *smartphone* e sincroniza suas ações com a história. Assim, a criança imersa neste universo fantástico tem menores chances de se estressar e passar por uma experiência negativa. É claro que a redução do choro também ajuda a fidelizar os pais para uma próxima ocasião.

Figura 17.3 Imagem do vídeo *Realidade virtual transforma a experiência da vacinação infantil*, disponível em: https://youtu.be/P9JwAHO298w. Acesso em: 31 jul. 2020.

Este é um exemplo muito interessante da aplicação de uma tecnologia digital com utilidade prática, capaz de agregar valor ao cliente. Vamos ver no Canvas de transformação digital, na Figura 17.4, qual seria a linha-guia de desenvolvimento possível de ser traçada entre os blocos para geração desta ideia.

Cap. 17 • Novas tecnologias digitais 79

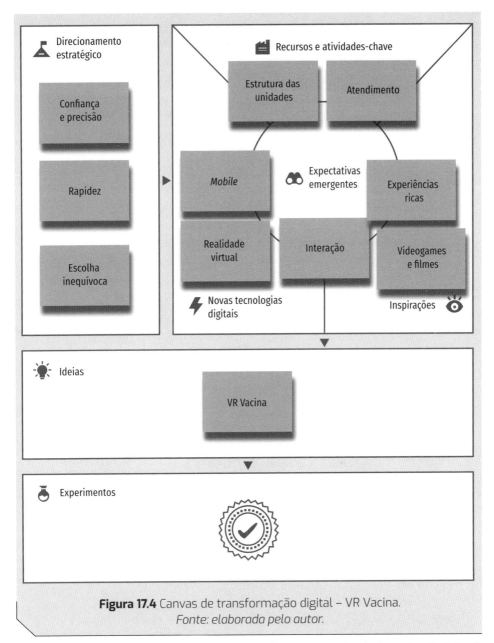

Figura 17.4 Canvas de transformação digital – VR Vacina.
Fonte: elaborada pelo autor.

Fonte: HERMES PARDINI. *Realidade Virtual transforma a experiência da vacinação infantil.* Disponível em: https://www3.hermespardini.com.br/pagina/2179/realidade-virtual-transforma-a-experiencia-da-vacinacao-infantil-.aspx. Acesso em: 1º ago. 2020.

CAPÍTULO 18

RECURSOS E ATIVIDADES-CHAVE DA EMPRESA

Figura 18.1 Charge sobre aplicação de recursos em atividades-chave.
Admir Roberto Borges

Recursos e atividades são, basicamente, inseparáveis. Um negócio não consegue permanecer entregando valor se não tiver recursos e a atividade que é capaz de explorá-los. Imagine que você vai construir um prédio. Para tanto, você precisa de recursos físicos, como terreno, argamassa, tubos, tijolos; de recursos humanos, como arquiteto, engenheiro, mestre de obra, pedreiros; e de recursos financeiros. Porém, se todos esses recursos permanecerem estáticos, nada vai acontecer. É preciso que haja uma interação entre esses recursos por meio da realização de atividades. O arquiteto irá elaborar o projeto, o engenheiro vai garantir a execução desse projeto, com o apoio do mestre de obras, que, por sua vez, organizará a força de trabalho dos pedreiros e seus auxiliares.

No entanto, nem todos os recursos que uma organização possui exercem um papel de protagonismo quando se trata de criar e entregar valor ao cliente. Uma máquina de café no escritório pode exercer uma função, mas sua substituição por outra máquina dificilmente irá ter qualquer impacto direto nos retornos que a empresa obtém. Em contrapartida, uma concessão para explorar a ponte aérea entre duas cidades importantes é um recurso muito importante para uma empresa aérea.

Barney e Clark[28] propõem um *framework* que ajuda a classificar se determinado recurso em sua empresa é um recurso principal, capaz de trazer vantagens competitivas. Esse *framework* é chamado de VRIO – acrônimo de *Value, Rarity, Imitability* e *Organization*. Vamos entendê-lo enquanto avaliamos o quanto o personagem Mario da Nintendo é um recurso que traz vantagens competitivas para a empresa. De acordo com o *framework* VRIO, os recursos principais devem atender a quatro parâmetros, representados aqui por perguntas, para serem capazes de trazer vantagens competitivas:

✓ Valiosos (*Valuable*): Esse recurso permite à empresa responder a ameaças do ambiente e aproveitar oportunidades? No caso do personagem Mario, a Nintendo utilizou-o para lançar um de seus principais jogos *mobiles*, o Super Mario Run, em uma iniciativa de atrair também para o relacionamento com a marca o público de jogos casuais que não está diretamente interessado em consoles. O *mobile* representa uma ameaça e uma oportunidade para a Nintendo, tradicionalmente focada em jogos para consoles, e o personagem Mario foi importante para realizar tal expansão.

✓ Raros (*Rare*): Esse recurso é controlado por apenas um pequeno número de empresas no mercado? Tratando-se do Mario, este personagem só é licenciado para jogos da própria Nintendo.

✓ Imitação dispendiosa (*Costly to imitate*): Empresas que não possuem esse recurso precisam de grandes investimentos para obtê-lo, imitá-lo ou desenvolvê-lo? No caso das outras empresas que desenvolvem jogos e consoles, é bastante dispendioso desenvolver personagens que tenham tamanha ressonância na cultura, além do fato de que o personagem da Nintendo já possui um lastro temporal importante.

✓ Organização para explorar (*Exploited by organization*): A empresa executa atividades capazes de explorar ao máximo esse recurso? No caso da Nintendo, ela possui estúdios de desenvolvimento de jogos que conseguem produzir novos títulos com o personagem, equipes de licenciamento de marca que vão negociar a possibilidade de produtos e, até mesmo, parques temáticos utilizarem seus personagens, e todo um conjunto de atividades que se organiza para gerar e extrair valor desse recurso.

Faça você agora um exercício e liste os recursos físicos, intelectuais, humanos e financeiros que sua empresa detém e tente responder às perguntas anteriores.

Cap. 18 • Recursos e atividades-chave da empresa

O Quadro 18.1 ajudará a classificar a importância de seus recursos e entender o quanto eles contribuem para o desempenho de seu negócio. Observe que não há uma coluna para o parâmetro *organização para explorar*, porque se não houver atividades capazes de fazê-lo, esse recurso naturalmente não trará vantagens nem desempenho financeiro.

Quadro 18.1 Classificação de recursos VRIO

Valioso?	Raro?	Imitação dispendiosa?	Implicação competitiva	Desempenho financeiro
Não	–	–	Desvantagem	Inferior
Sim	Não	–	Paridade	Mediano
Sim	Sim	Não	Vantagem temporária	Superior
Sim	Sim	Sim	Vantagem sustentável	Superior

Fonte: adaptado de Barney e Clark (2007).[28]

Classifique, então, os recursos de seu negócio de acordo com este quadro para encontrar aqueles capazes de trazer desempenho financeiro mediano ou, de preferência, superior. Estes são seus recursos principais. É uma boa organizar *workshops* com sua equipe para identificar os recursos principais, o que trará ao time uma compreensão mais profunda da empresa.

Uma vez identificados os recursos principais, é hora de mapear as atividades que tornam possível explorar tais recursos. Por exemplo, uma empresa que detém uma patente deve ser capaz de criar produtos que a utilizem ou negociar para que outras empresas possam utilizá-la. Uma imobiliária que possui exclusividade na venda de um condomínio deve ter uma equipe de vendas capaz de fazê-lo. Essas são suas atividades-chave.

Fazer o exercício de descobrir os recursos principais e as atividades-chave da empresa ajudará a compreender sua força competitiva atual.

Uma pergunta importante a ser feita para a iniciativa de transformação digital: **devo desenvolver novas atividades, que incorporem tecnologias digitais, para explorar os recursos que já possuo, ou devo desenvolver novos recursos?** A resposta não é simples, porque depende de cada cenário. Pode ser que os recursos atuais da empresa não passem nos critérios do *framework* VRIO e, assim, seja preciso desenvolver ou obter novos recursos, por exemplo. No entanto, em geral, é interessante que a empresa inicie a transformação digital explorando os recursos que já possui, com novas atividades que incorporem tecnologias digitais. E mais, essas novas atividades devem ser, sempre que possível, desenvolvidas a partir de parcerias (ou aquisição) com empresas que dominem tais tecnologias.

A própria Nintendo, cujo recurso (personagem Mario) avaliamos quanto à capacidade de trazer vantagens competitivas, mesmo com décadas de experiência em desenvolver jogos para consoles, quando foi para o ambiente *mobile* formou uma parceria com a desenvolvedora DeNA, especializada em jogos para *smartphones*.[29]

Isso nos mostra dois aspectos muito importantes. Primeiro, parcerias são essenciais quando se trata de utilização de novas tecnologias digitais. Claro que pode haver exceções de empresas que incorporem novas tecnologias digitais e a forma de explorá-las como uma de suas fontes de vantagens competitivas. Mas é bem mais provável que parcerias tracem atalhos e que o compartilhamento de *expertises* gere mais valor ao cliente. O segundo aspecto interessante é que a empresa faça uma expansão de suas ofertas a partir de seu negócio principal. Isso quer dizer, a empresa, a princípio, não deve desfocar de seu negócio principal (ou dos seus negócios principais) no processo de transformação digital.

Dessa forma, começar a atuar em um cenário que não explora em nada seus recursos atuais exigirá um esforço muito maior, muito mais recursos e, inclusive, pode levar ao fracasso com mais facilidade. Por isso, o Canvas de transformação digital traz este bloco de recursos e atividades-chave, para que o time possa gerar ideias a partir da combinação dos mesmos com novas tecnologias e inspirações. Vale ressaltar que é possível que algum recurso ou atividade-chave da empresa seja muito oneroso e, assim, há um valor grande em gerar ideias a partir da seguinte pergunta: **"Se não pudéssemos contar com o recurso X, como ainda assim poderíamos entregar o mesmo tanto ou ainda mais valor ao nosso cliente?"**.

Vamos agora ver como a Toledo do Brasil evoluiu suas balanças com uma solução de *cloud*.

Toledo do Brasil e uma balança nas nuvens

A Toledo do Brasil é líder no país na área de pesagem. A empresa fabrica balanças, que vão desde a pesagem de frios para supermercados até a pesagem de caminhões e vagões. Atendendo, assim, toda gama de negócios que precisam em algum momento fazer uma pesagem dos seus insumos, produtos e cargas.

A empresa possui como recursos principais sua fábrica, com área coberta de 21.500 m², em São Bernardo do Campo, a propriedade intelectual da tecnologia utilizada em suas balanças, um time qualificado de especialistas em pesquisa e desenvolvimento, que são organizados para explorar tais recursos em uma operação eficiente.

A empresa dirigiu uma atenção especial às expectativas emergentes dos mercados em que atua, por um sistema de pesagem que se integra facilmente aos sistemas de ERP e cujos dados estão disponíveis em nuvem; isso quer dizer, que faça ser possível e rápido que a informação da balança passe a um sistema acessível de qualquer lugar e cujas informações possam ser utilizadas em tempo real para melhorar a tomada de decisão.

Por isso, em parceria com a Microsoft, desenvolveu a solução Cloud Prix, onde novas balanças da empresa –comercializadas, hoje, sob a marca Prix – permitem realizar o gerenciamento da pesagem, a prevenção contra fraudes e o acompanhamento do desempenho dos principais itens. A Figura 18.2 apresenta parte do vídeo *Essa é a Toledo do Brasil*, que mostra a tecnologia envolvida no desenvolvimento de produtos da Toledo.

Figura 18.2 Imagem do vídeo *Essa é a Toledo do Brasil*, disponível em: https://youtu.be/ejke25g390M. Acesso em: 31 jul. 2020.

Esse passo na iniciativa de transformação digital fez com que a empresa gerasse, com base em seus recursos principais e atividades-chave, mais valor ao agregar uma nova camada de funcionalidades a seus produtos, a partir de novas tecnologias digitais. Além disso, a empresa, hoje, explora o modelo de negócios de *software as a service* (SaaS), onde pode ter uma receita recorrente com o uso dos clientes de sua plataforma de *cloud*, que armazena os dados de pesagem sem a necessidade de um servidor local.

Vamos ver na Figura 18.3 o Canvas de transformação digital com a linha-guia de desenvolvimento possível de ser traçada entre os blocos para geração desta ideia.

Assista à entrevista exclusiva com Daniel Carioni, Coordenador de Marketing na Toledo, acessando o QR Code:

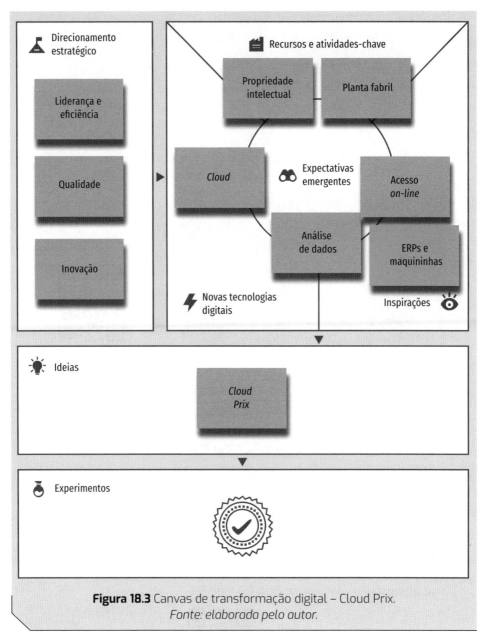

Figura 18.3 Canvas de transformação digital – Cloud Prix.
Fonte: elaborada pelo autor.

Fonte: MICROSOFT. *Toledo do Brasil transforma o mercado de pesagens com as balanças na nuvem.* Disponível em: https://www.youtube.com/watch?v=EEv9sltxVE4. Acesso em: 1º ago. 2020.

CAPÍTULO 19

INSPIRAÇÕES

Figura 19.1 Charge sobre as fontes de inspiração.
Admir Roberto Borges

A inspiração está no mundo, em um filme de ficção científica, na música que um adolescente está cantando a plenos pulmões, no que uma pequena empresa na Suécia está começando a desenvolver, naquilo que seu concorrente ao lado anda fazendo para atrair os seus clientes.

Steve Jobs, um dos maiores gênios criativos do nosso tempo, em várias ocasiões se inspirou em situações e objetos bem distantes do seu mercado de computadores e dispositivos eletrônicos para desenvolver produtos absolutamente inovadores. Três histórias de sua biografia[30] mostram como o olhar atento de Jobs para o mundo inspirava suas criações na Apple.

A primeira delas conta que, antes do lançamento do Apple II, um dos computadores pessoais mais importantes da história, a equipe apresentou para Jobs uma versão de sua carcaça que ele desaprovou imediatamente. Em uma ida até a loja de departamentos, Jobs se deparou com processadores de comida da Cuisinart e ficou interessado na maneira como pareciam amigáveis e simples de usar. Então, pediu à equipe que comprasse o equipamento e produzisse novas versões inspiradas em sua forma e usabilidade.

A segunda história é sobre a admiração de Steve Jobs pela simplicidade que podia ser vista no jogo Star Trek do Atari, para máquinas de fliperama. Após iniciar o jogo, duas instruções apareciam na tela: 1. Insira uma moeda de 25 *cents*. 2. Evite os Klingons. Jobs considerava essencial que o usuário não precisasse ser instruído de maneira extensiva.

A terceira também está relacionada com simplicidade, mas vem de um universo mais distante dos computadores. Jobs, embora não gostasse de visitas a áreas rurais, certa vez assistiu ao nascimento de um bezerro. Dentro de minutos, aquele bezerro, diferentemente dos seres humanos, já estava andando. Isso motivou sua obsessão por dispositivos que se conectassem diretamente com a forma como as pessoas pensam e não precisam de instrução alguma, de modo que elas já usassem enquanto ainda experimentavam. Hoje, vemos crianças intuitivamente arrastando seus dedos por telas de *smartphones*, o que nos mostra o quão ele nos aproximou deste conceito.

Assim, é muito difícil estabelecer de onde deve vir a inspiração para uma ideia que se encaixe na iniciativa de transformação digital. Ela realmente pode vir de qualquer lugar, desde que haja uma observação atenta dos fenômenos do mundo.

Dito isso, existe uma relação inversa entre a proximidade de contexto de onde determinada inspiração foi retirada e o risco de investir em uma ideia que emule sua forma. A Figura 19.2 apresenta um gráfico que mostra essa relação.

Cap. 19 • Inspirações

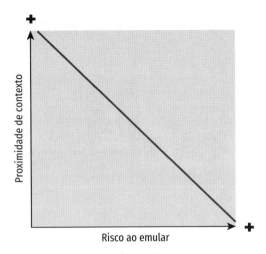

Figura 19.2 Relação entre Proximidade de contexto e Risco ao emular.
Fonte: elaborada pelo autor.

Isso quer dizer, se você se inspirar diretamente em uma prática bem-sucedida de um concorrente direto, seu risco ao emular aquela solução é baixo e, portanto, mais provável que consiga alcançar algum grau do sucesso que seu concorrente teve com aquela tática. Por outro lado, se você se inspirar em uma prática interessante de uma empresa de um mercado absolutamente diferente do seu, seu risco ao emular aquela solução é mais alto, e não há indicação de que aquela aplicação será bem-sucedida. No entanto, quanto maior o risco de promover uma inovação em sua indústria, maior é o retorno possível daquele investimento. Trazer para seu contexto de mercado uma ideia completamente nova àquele contexto pode acarretar vantagens competitivas temporárias caso experimentos mostrem que a implementação foi bem-sucedida, até que seus concorrentes consigam emular sua solução e balancear novamente as ofertas. De maneira geral, isso nos dá o seguinte panorama: se inspirar nos concorrentes ajuda a equilibrar a competição,[31] se inspirar para além das ideias dos concorrentes pode torná-los obsoletos.

Podemos ver como o YouTube Music utilizou o Spotify como *benchmark* para sua interface. Utilizar uma interface totalmente diferente daquela que se convencionou no segmento seria um risco muito alto para o YouTube, mas, ao mesmo tempo, é possível afirmar que não é por esta sua interface que essa plataforma conseguirá desbancar o Spotify. A Figura 19.3 mostra a experiência semelhante proporcionada pelos aplicativos.

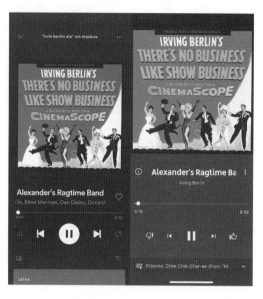

Figura 19.3 Tela do Spotify (à esquerda) e do YouTube Music (à direita).
Fonte: captura de tela dos aplicativos Spotify e YouTube Music.

Por outro lado, a aparição de dispositivos semelhantes a *tablets* no filme "2001: uma odisseia no espaço", dirigido por Stanley Kubrick e lançado em 1968, motivou a Samsung a acusar a Apple judicialmente de ter copiado tais dispositivos ao conceber o iPad.[32] A Figura 19.4 mostra a exuberância imagética do filme lançado em 1968.

Figura 19.4 Imagem do vídeo *2001: A SPACE ODYSSEY – Trailer*, disponível em: https://youtu.be/oR_e9y-bka0. Acesso em: 31 jul. 2020.

Uma dica importante é buscar documentar a inspiração de forma a fazer uma curadoria de ideias inspiradoras, como foi destacado na Parte 2. Além disso, é interessante entender o que há de inspirador por trás daquela ideia em si. Por exemplo, ao se deparar com um abajur que acende ao bater de palmas, a inspiração pode não estar diretamente ligada à tecnologia utilizada em si, mas a maneira pela qual ele materializou o desejo dos seres humanos de controlarem os dispositivos a sua volta de maneira natural e até mesmo irreverente.

Ao realizar *workshops* com o Canvas de transformação digital, é interessante pedir ao time, ou fazê-lo pelo mediador, que sejam levadas algumas inspirações que podem ter alguma relação com as tecnologias digitais que serão utilizadas na sessão. Por exemplo, se uma das tecnologias a ser utilizada no quadro é impressão 3D, mostrar como ONGs têm fabricado próteses para pessoas deficientes é extremamente relevante, enquanto a solução de segurança digital de um aplicativo bancário pode não ser tão interessante para esta sessão específica.

Vamos ver na história da Nestlé e seu quiosque *ÍCONES by* Chocobot como inspirações diversas foram importantes para esta inovação.

Nestlé e um robô capaz de adoçar a vida

Pelo menos na minha família, há o hábito de no Natal se abrir uma ou duas caixas de bombons e rodar pelas mãos de todos, para que cada pessoa escolha seu favorito. No entanto, se você ficar por último, grandes são as chances de se deparar com um bombom menos popular como o Caribe, Sensação ou Smash. Ícones como Serenata de Amor, Ouro Branco, Sonho de Valsa e Prestígio rapidamente se esgotam em suas respectivas caixas.

Mas e se você pudesse montar sua própria caixa? Foi com esse objetivo que a Nestlé criou o quiosque *ÍCONES by* Chocobot. Nele, o cliente tem a oportunidade de escolher, em uma tela sensível ao toque, 15 bombons dentre os principais das marcas Nestlé e Garoto (a compra da Garoto pela Nestlé está indo e vindo na justiça desde 2002) e ainda personalizar uma mensagem a ser impressa na caixa.

Melhor do que isso, a montagem da caixa não é feita por um atendente, mas por um robô, que monta a caixa e seleciona os bombons um a um de acordo com suas escolhas, como mostra a Figura 19.5. Filas longas se formam nos *shoppings* em que essas máquinas já estão disponíveis e, ao ver crianças acenando de volta para o robô (ele acena quando termina uma caixa!), é impossível não imaginar que talvez experiências assim se tornem mais e mais comuns.

Figura 19.5 Imagem do vídeo *Chocobot: ponto de venda da Nestlé desenvolvido pela Pollux*, disponível em: https://vimeo.com/360802150. Acesso em: 31 jul. 2020.

São muitas as inspirações que, provavelmente, estiveram presentes enquanto o time responsável desenvolvia a máquina *ÍCONES by* Chocobot. Uma inspiração que talvez nem seja conhecida diretamente pelo time, mas que inspirou todas as suas formas depois dela, foi o conto chamado *Waldo*, de Robert Heinlein, publicado em 1942, onde pela primeira vez aparecia um braço robótico operado por controle remoto. Além disso, pelo próprio ambiente de *shopping* onde o equipamento foi instalado, é impossível não pensar que a máquina se inspirou naquelas de pegar bichinhos de pelúcia, mais populares na década de 1990. A experiência de definir seu próprio combo de itens pode ser remontada a diferentes fontes, por exemplo, no McDonald's, onde a criança pode escolher se quer batata frita ou cenoura e também seu brinquedo, se o mesmo já não estiver esgotado, no McLanche Feliz.

Vale ressaltar que, além dessa oferta específica, a Nestlé vem investindo bastante em transformação digital, tendo inaugurado seu Centro de Inovação e Tecnologia, em São José dos Campos. Uma das iniciativas bem interessantes da Nestlé, e essa relacionada com o desenvolvimento de um novo modelo de negócio, é a plataforma Vem de Bolo, que funciona como um Uber Eats, com boleiras selecionadas, trazendo a possibilidade de ser um negócio escalável que tem uma fonte de receitas bem diferente daquela tradicionalmente explorada pela empresa.

No Canvas de transformação digital, podemos traçar uma linha-guia para remontar a concepção do quiosque *ÍCONES by* Chocobot, como mostra a Figura 19.6.

Cap. 19 • Inspirações

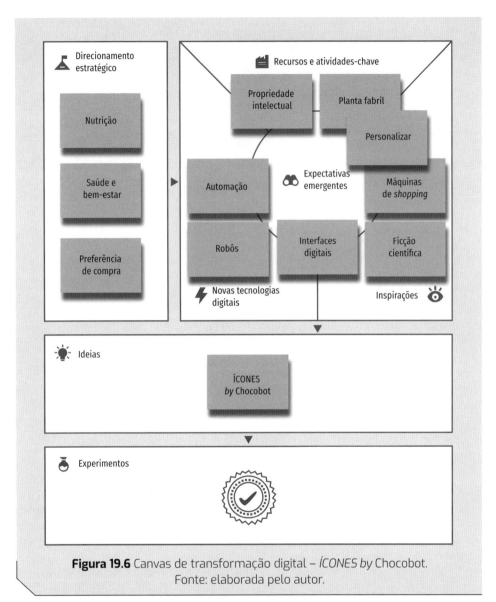

Figura 19.6 Canvas de transformação digital – *ÍCONES by* Chocobot.
Fonte: elaborada pelo autor.

Fontes: NESTLÉ. *Nestlé inaugura ÍCONES by Chocobot em shopping de São Paulo.* Disponível em: https://www.nestle.com.br/imprensa/releases/nestle-inaugura-icones-by-chocobot-em-shopping-de-sao-paulo. Acesso em: 1º ago. 2020.

PRWEB. *First Espresso Book Machine Installed and Demonstrated at New York Public Library's Science, Industry and Business Library.* Disponível em: http://www.prweb.com/releases/2007/06/prweb534914.htm. Acesso em: 1º ago. 2020.

CAPÍTULO 20

EXPECTATIVAS EMERGENTES

Figura 20.1 Charge sobre expectativas universais.
Admir Roberto Borges

Pense nestas situações e veja se sentimentos parecidos não ocorreriam com você ao receber um boleto dizendo: "*Pagável somente em agências do Banco XYZ*", levando-o a pensar no tempo a ser perdido por não poder utilizar o aplicativo de seu banco para o pagamento. Ou, então, a frustração de descobrir, ao fim de uma sessão de terapia, que só pode pagar em dinheiro e que o prestador não tem nenhuma maquininha nem aceita pagamento por qualquer outro meio eletrônico. Ou, ainda, a sensação de estar perdido, ao saber que o lugar que você precisa ir, mas que esqueceu de anotar o endereço, por algum motivo não está registrado no aplicativo de navegação que você utiliza.

O que está ocorrendo nessas situações é que bens e serviços consumidos anteriormente estabeleceram um padrão de qualidade que elevou suas expectativas para as próximas experiências de consumo que você terá daí em diante. Dessa forma, à medida que mais e mais empresas vão se tornando mais ágeis e digitais, menor é a tolerância do consumidor com qualquer tipo de ineficiência ou baixa qualidade de serviço.[33] Assim, o cliente pode até tolerar por algum tempo que determinada empresa ainda não tenha se adequado a um novo padrão de serviços, principalmente se for algum negócio local, mas a perspectiva é que essa concessão não persista muito tempo.

Para a Trendwatching,[25] empresa dedicada à identificação de tendências de consumo, pode-se dizer que estamos em uma economia da expectativa, marcada por um consumidor acostumado à interatividade instantânea na internet e à possibilidade de escolher aquilo que deseja consumir a todo momento. Seriam três vetores principais que dirigem esta nova economia da expectativa:

- ✓ *Qualidade extrema*: em uma era em que a transparência é demandada pelos consumidores, rapidamente com uma pesquisa na internet é possível descobrir todas as falhas graves que determinada empresa já cometeu com seus clientes. Se não tiver tempo para ler, não tem problema, na própria ferramenta de busca normalmente haverá uma nota agregada daquela empresa. Isso faz com que as empresas tenham que sempre manter um alto nível de competitividade, entregando nada mais do que o seu melhor em cada produto e em cada ponto de contato.

- ✓ *Impacto positivo*: um consumidor cada vez mais consciente passa a exigir que os produtos tenham impacto positivo seja na sua saúde, no meio ambiente ou no entorno social daquele negócio. Essa tendência, por vezes, ainda é ignorada aqui e ali pelos consumidores, mas existe uma crescente pressão para que as empresas busquem proporcionar um impacto positivo em suas operações e nos produtos que oferta.

- ✓ *Expressão pessoal*: em uma sociedade consumidora, também é por meio do consumo que as pessoas conseguem expressar suas personalidades e elaborarem a imagem que desejam transmitir para aqueles com quem interagem. Assim, o consumo passa a ser uma forma de expressão pessoal. Isso faz com que exista uma expectativa de que as marcas sejam cada vez mais humanizadas e tenham posições claras sobre sua visão de mundo. Faz também com que os consumidores demandem cada vez mais produtos que possam ser personalizados, como um canal para se expressarem.

Cap. 20 • Expectativas emergentes

Esses três são vetores mais globais de expectativas emergentes dos consumidores, porém, além destes, é preciso ser capaz de identificar expectativas mais específicas e diretamente relacionadas com sua indústria de atuação. Por exemplo, no setor de alimentação, o consumidor espera que haja alguma forma de pedir um prato específico de um restaurante que fica no seu bairro por um aplicativo. No entanto, o consumidor ainda não espera este nível de serviço da papelaria que fica próxima de sua casa.

Ou, então, o consumidor espera que seu banco ofereça um *home broker* em que ele seja capaz de operar papéis na bolsa, montando sua própria carteira de investimentos, sem a intermediação de seu gerente. Porém, o consumidor ainda não sabe exatamente se pode esperar de uma montadora de veículos a possibilidade de criar *on-line* um carro com um conjunto de acessórios personalizado, sem a necessidade de se enquadrar em determinado modelo pré-montado.

No entanto, independentemente de ser um hotel de uma grande rede ou uma pousada familiar em uma cidade do interior, o consumidor espera que seja possível reservar sua hospedagem *on-line*, inclusive escolhendo as características do quarto em que quer se hospedar.

O que se pode perceber é que, quanto mais próximo de seu mercado já estejam em andamento iniciativas de transformação digital, maiores serão as expectativas dos consumidores em relação a sua empresa. Isso se aplica também a mercados adjacentes que oferecem produtos substitutos para aqueles que você oferece.

Por exemplo, ao passo que é muito fácil comprar passagens de avião pela internet, com o tempo os consumidores passaram a esperar também a mesma facilidade em comprar passagens de ônibus. Tive, inclusive, a oportunidade de participar do projeto de construção de um *e-commerce* para uma grande empresa de transporte rodoviário, cuja inspiração para a interação no *website*, desde a seleção de trechos até a marcação de assentos, foi feita com base em boas práticas do setor de aviação.

Assim, na era digital em que vivemos, essas expectativas possuem uma forte conexão com a tecnologia e seu uso. Por isso, no Canvas de transformação digital, temos tecnologia e inspirações como motores para a geração de expectativas emergentes.

De maneira geral, as expectativas emergentes dos consumidores estão ligadas a emoções positivas que experiências de consumo anteriores o proporcionaram. Podemos fazer uma lista de sentimentos positivos a partir de emoções básicas como afeto, alegria e surpresa, o que pode te auxiliar a traduzir as expectativas dos consumidores em relação a suas ofertas:

- ✓ *Afeto*: satisfação, alívio, compaixão, cuidado, paixão, apego, pertencimento, paz, amabilidade, zelo, preenchimento.
- ✓ *Alegria*: êxtase, euforia, fervor, excitação, entusiasmo, otimismo, esperança, orgulho, felicidade, animação, satisfação, prazer, encantamento.
- ✓ *Surpresa*: gratidão, estímulo, superação, maravilhado, surpreendido, perplexidade, impressionado, embevecimento, comoção, impactado.

É bem possível que as expectativas emergentes para sua indústria se enquadrem em alguns desses sentimentos.

Para além da combinação entre tecnologia e aplicações inspiradoras na geração de expectativas emergentes, temos também o fato de que o consumidor cria expectativas específicas quanto à forma como seu negócio se comporta e os produtos que entrega.

Isso tem uma forte relação com seus recursos e atividades-chave. Por exemplo, a Natura possui como atividades-chave sua atuação na defesa da manutenção dos recursos ambientais e o aproveitamento responsável da matéria-prima de seus produtos. Assim, se o consumidor passa por várias experiências em que pode fazer a rastreabilidade de todos os insumos da cadeia produtiva dos produtos que consome, com diferentes marcas, por essa expectativa estar diretamente conectada com as características da Natura, ele vai esperar que ela aplique essa tecnologia o quanto antes.

Essa expectativa, portanto, será direcionada à Natura, antes que seja direcionada a outro fabricante de cosméticos cujas características não tenham forte ligação com este apelo. No entanto, assim que a Natura adotar tal tecnologia, ela passa a criar uma expectativa emergente naquela indústria e, portanto, os consumidores também passarão a esperar tal possibilidade dos concorrentes da Natura.

Por isso, a adoção de novas tecnologias por uma empresa forte em determinada indústria acaba por gerar expectativas em relação a produtos para determinado fim, pressionando, assim, outras empresas da indústria a adotarem tais tecnologias. E isso vai se expandindo também para os mercados adjacentes.

Por essa razão, temos no Canvas de transformação digital um cinturão com os blocos de novas tecnologias digitais, recursos e atividades-chave e inspirações circundando o bloco expectativas emergentes. Exatamente porque as expectativas emergentes são relevantes para seu negócio a partir das experiências positivas dos consumidores com aplicações tecnológicas inspiradoras (quanto mais perto de sua indústria, maior a expectativa em relação ao seu negócio), tendo uma relação direta com as características únicas de sua empresa.

Vamos ver como a Riachuelo trabalhou as expectativas emergentes de autoexpressão por parte dos consumidores com o RCHLO+.

RCHLO+, imprimindo sua moda

Em 2007, foi feita a primeira demonstração pública da máquina *Espresso Book Machine*, que prometia revolucionar a forma como livros eram impressos e consumidos. Sua ideia era ser uma máquina capaz de ser instalada no ponto de venda (livreiro) e imprimir livros, a partir de um catálogo disponível, diretamente após sua compra pelo cliente. Esta instalação direta de máquinas no ponto de venda não se disseminou da forma como prometia, em razão dos custos de manutenção dessas máquinas e da baixa adoção. No entanto, foi em *websites* de autopublicação (*self-publishing*) que a tecnologia de livros impressos sob demanda (*print on demand*) encontrou seu lugar.

Em meados desta mesma década, no Brasil, surgia a Camiseteria (incorporada, hoje, pela Chico Rei), trazendo a proposta inovadora de permitir que os usuários enviassem suas próprias estampas e, também, pagando aos clientes caso alguém imprimisse camisas utilizando as estampas que ele fez *upload*. Depois, surgiram muitas outras empresas com formato parecido no comércio eletrônico, que ajudou a consolidar também o *print on demand* de camisas.

Ao mesmo tempo que o comércio eletrônico foi expandindo e reduzindo os custos de comercialização de produtos, o varejo físico começou a ser pressionado para encontrar novas formas de atrair o consumidor para dentro da loja. Além das vantagens de receber o produto imediatamente, que vão aos poucos também sendo reduzidas pela evolução da eficiência logística, o varejo físico passou a investir na experiência do cliente. Hoje, esta é a grande busca do varejo tradicional, criar uma experiência sensorial e interativa diferenciada para estimular o cliente a ir até a loja e, assim, manter um relacionamento mais próximo com a marca.

Dentro desse cenário, a Riachuelo implantou um espaço em sua loja conceito no Morumbi Shopping chamado RCHLO+. Nesse espaço, é possível que o cliente selecione, dentre várias estampas, qual deseja imprimir em camisetas, *bodys* para bebês e jaquetas compradas na loja. Além disso, o cliente pode enviar uma imagem diretamente da galeria do seu *smartphone* para fazer esta impressão. Em cerca de cinco minutos, a personalização do produto está pronta.

A equipe interna da empresa concebeu essa solução utilizando ambientes de desenvolvimento e armazenamento na nuvem da Microsoft, tendo sido capaz de implementar a primeira versão da ideia em 30 dias. Agora, com o conceito experimentado na loja conceito, a Riachuelo pretende levar essa experiência de personalização para outras lojas da varejista. A Figura 20.2 mostra uma parte do vídeo que explica como a Riachuelo desenvolveu esta solução e como a utiliza na loja.

Figura 20.2 Imagem do vídeo *Riachuelo | Trazendo inovação digital por meio da nuvem*, disponível em: https://youtu.be/VnQjQxNA0qk. Acesso em: 31 jul. 2020.

Vamos ver no Canvas de transformação digital, na Figura 20.3, como expectativas emergentes de autoexpressão, que foram aos poucos sendo geradas por negócios distantes e adjacentes à Riachuelo, criaram um ambiente profícuo para a experimentação do espaço RCHLO+.

Cap. 20 • Expectativas emergentes

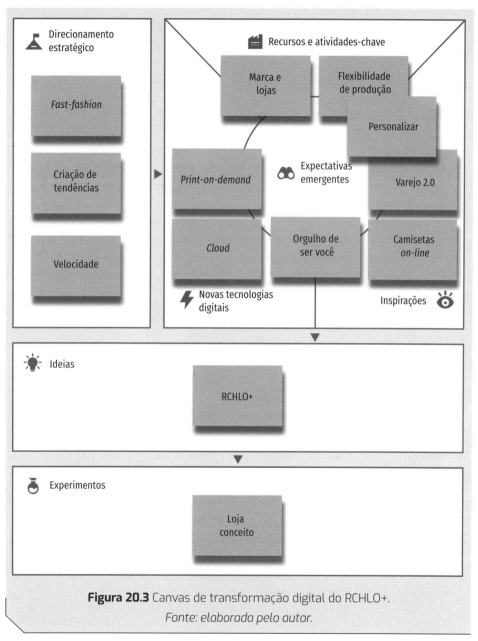

Figura 20.3 Canvas de transformação digital do RCHLO+.
Fonte: elaborada pelo autor.

Fonte: MICROSOFT. *Riachuelo integra tecnologia Microsoft em processo de transformação digital.* Disponível em: https://news.microsoft.com/pt-br/riachuelo-integra-tecnologia-microsoft-em-processo-de-transformacao-digital/. Acesso em: 1º ago. 2020.

CAPÍTULO 21
GERAÇÃO DE IDEIAS

Figura 21.1 Charge sobre a geração e aproveitamento de ideias.
Admir Roberto Borges

Uma vez preenchidos os blocos de direcionamento estratégico, novas tecnologias digitais, recursos e atividades-chave, inspirações e expectativas emergentes, seu time está pronto para iniciar o processo de geração de ideias.

É muito importante que no momento de geração de ideias não ocorra, de imediato, nenhum julgamento ou tentativa de derrubar uma ideia assim que ela surgir.

É fundamental alinhar o time participante do *workshop* em relação a isso. Quando uma pessoa apresenta uma ideia e é rejeitada imediatamente ou até mesmo ridicularizada, as chances são de que esta pessoa não apresente mais nenhuma ideia durante a atividade. Talvez até ela assuma uma postura negativa diante das ideias de outras pessoas. Obviamente, isso irá totalmente contra o ambiente que queremos promover para nosso *workshop*.

Portanto, o time deve agir sempre acolhendo novas ideias, acrescentando possibilidades a elas sempre que possível e, então, anotando o aspecto central de cada uma em um *post-it*. Inicialmente, essas ideias devem ser registradas nesse bloco sem nenhum tipo de filtro ou julgamento. Mais adiante, vamos explorar o segundo momento de interação com esse bloco, quando então as ideias irão passar por um exame mais adequado, como uma filtragem, com intuito de iniciar o planejamento dos *sprints* de experimentos.

No Canvas de transformação digital, os blocos de novas tecnologias digitais, recursos e atividades-chave, inspirações e expectativas emergentes formam um conjunto de blocos. A ideia é que esta seja nossa pequena maquininha de gerar ideias. Quando bem alimentada com informações de boa qualidade, essa maquininha será capaz de gerar muitas ideias boas para a iniciativa de transformação digital do negócio.

Teste com seu time combinar os elementos presentes neste conjunto de blocos para gerar ideias. Vamos imaginar um exemplo de como isso pode funcionar, testando nossa maquininha de ideias com a Havaianas.

A Havaianas tem como recursos e atividades-chave sua marca (bastante versátil e que alcança todos os públicos em termos demográficos); seu processo fabril de alta qualidade; sua rede de lojas; e o licenciamento de marcas em parceria com a Disney.

Vamos escolher para este *workshop* simulado as tecnologias impressão 3D e realidade aumentada. Para as inspirações sobre essa tecnologia, vamos selecionar:

✓ Curioscope: essa empresa britânica produz camisetas com realidade aumentada que permitem visualizar e explorar como se organizam órgãos e ossos da pessoa que está vestindo a camiseta, como pode ser visto na Figura 21.2.

Cap. 21 • Geração de ideias

Figura 21.2 Imagem do vídeo *Curiscope's VirtualiTee: wearable tech you learn with*, disponível em: https://youtu.be/QOHfdqgvvFU. Acesso em: 31 jul. 2020.

- ✓ PwC: a tradicional empresa de auditoria desenvolveu uma experiência de realidade aumentada para seu relatório *Seeing is believing*, no qual cada página impressa pode, quando acessada pelo *smartphone*, criar outra camada de realidade aumentada, onde um especialista da empresa ganha vida e explora mais sobre o assunto.
- ✓ Superfeet: especializada em palmilhas, introduziu uma experiência de loja onde são feitas medições precisas dos pés dos consumidores e, então, a impressão 3D garante a fabricação de produtos feitos sob medida para suas necessidades.
- ✓ Danit Peleg: marca de roupas produzidas em impressão 3D, em que o consumidor pode em seu *website* customizar a própria roupa que será enviada.

Claro, poderíamos buscar muito mais inspirações, mas, para o exemplo, essas quatro já são bastante interessantes.

Por fim, podemos listar como expectativas emergentes dos consumidores em relação a Havaianas e ao seu setor de atividades, tendo em vista essas tecnologias e suas aplicações, o seguinte: interatividade, customização, experiências ricas e versatilidade.

Assim, nosso conjunto de blocos ficaria como mostrado na Figura 21.3.

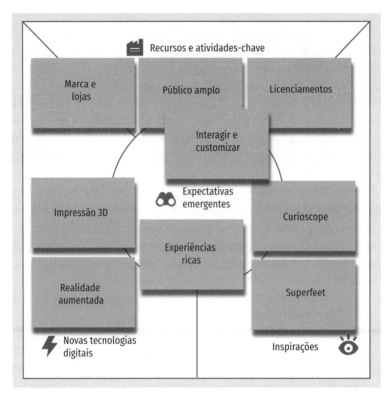

Figura 21.3 Canvas de transformação digital do caso fictício da Havaianas.
Fonte: elaborada pelo autor.

Vamos agora começar a gerar algumas ideias. Uma boa forma de começar é utilizar o seguinte *template* de uma frase: "porque os consumidores esperam [expectativas emergentes selecionadas], tendo como base nossas características como [recursos e atividades-chave selecionados] e inspirado pelas aplicações [inspirações] das [novas tecnologias digitais], e se nós [em vez de/além de (opcional)] criássemos [ideia]?".

Aplicado ao exemplo fictício da Havaianas que estamos explorando, poderíamos utilizar esse *template* para a seguinte ideia: "porque os consumidores esperam *mais interatividade e experiências ricas*, tendo como base *nosso público infantil e as marcas licenciadas da Disney*, e inspirado pelas *camisetas da Curioscope* com *realidade aumentada*, e se nós criássemos *sandálias infantis* em que, em conjunto com o aplicativo, as crianças pudessem *visualizar os personagens representados em suas estampas*?".

Assim que essa ideia fosse apresentada no *workshop*, não seria o momento para indicar possíveis obstáculos, como o custo de desenvolver um aplicativo ou a

Cap. 21 • Geração de ideias   107

extensão do contrato de licenciamento, mas, em vez disso, os participantes poderiam tentar ampliar essa ideia, explorando novas possibilidades, tais como: "e se, quando a criança tivesse dois pares diferentes, os personagens das diferentes sandálias pudessem interagir entre si na realidade aumentada, criando, assim, o incentivo para a compra de mais pares?" ou ainda, "e se, no lugar de focar no público infantil, desenvolvêssemos um aplicativo que gerasse uma galeria de fotos em que a pessoa marcasse no *smartphone* em quais momentos estava utilizando aquela sandália, e assim, apontando o aplicativo para determinado par, ele pudesse ver um vídeo ou galeria contando a história daquele par, mostrando por onde ele andou ao redor do mundo, constituindo uma nova camada de relacionamento entre o consumidor e a marca?".

Viu como essa abordagem generativa, em vez de crítica, permite explorar novas possibilidades e promover novos diálogos entre a equipe? Então, a sessão de *workshop* deve continuar com esse fluxo de ideias, sempre mantendo o time atento para não se apaixonar demasiadamente por uma ideia, para que esse afunilamento precoce não impeça que novas ideias continuem surgindo. Essa dinâmica deve permanecer até que se perceba que as ideias já estão escasseando.

Uma dica: aproveite esse momento para organizar as ideias no bloco, de acordo com o quanto elas estão ligadas à operação ou à interface e experiência dos consumidores. No caso fictício da Havaianas, exploramos exemplos que possuem uma ligação com incrementos de operação, mas seu efeito principal consiste em proporcionar novas experiências para os consumidores. No entanto, seria também possível gerar ideias mais ligadas à inovação do processo de produção, melhorando aspectos como eficiência operacional e redução de custos, principalmente se para este *workshop* tivesse sido escolhida a tecnologia de robôs colaborativos, por exemplo.

As ideias podem ser organizadas da seguinte forma: em uma parte do bloco, vão sendo elencadas as ideias que estão mais na superfície, ou seja, que são direcionadas à interface da marca com o consumidor, e na outra parte do bloco, são elencadas as ideias que impactam mais a operação do negócio, seus bastidores, cujos consumidores não percebem diretamente a mudança.

Com as ideias organizadas, é hora de lançar um olhar mais crítico e aprofundado para cada uma delas, ou para as candidatas que já, a princípio, pareçam mais promissoras. O formulário mostrado na Figura 21.4 permite fazer a avaliação de cada uma das ideias.

Para preencher o *card* da Figura 21.4, que contribui para a avaliação da ideia de experimentação, reflita – individualmente ou em um *workshop* – sobre os pontos sugeridos, de acordo com a viabilidade para sua execução e contribuição que a mesma pode trazer à diferentes áreas do negócio.

Esta figura está disponível como material suplementar do livro. Veja o passo a passo para o acesso na página anterior ao Sumário.

IDEIA DE INOVAÇÃO

	-	Viabilidade	+	?
Viabilidade financeira				
Viabilidade operacional				
Viabilidade tecnológica				
Viabilidade de parcerias no ecossistema				
	-	Contribuição	+	?
Relacionamento com a marca				
Interface e experiência do consumidor				
Canais de distribuição e marketing				
Atividades de apoio				

Figura 21.4 *Card* de ideia de inovação.
Fonte: elaborada pelo autor.

Para as linhas relacionadas com viabilidade, deve-se sempre pensar que, mesmo que não haja recursos naquele momento para execução das atividades necessárias para operacionalizar aquela ideia, é possível encontrar alternativas para tal. Além disso, foi incluída uma linha sobre a viabilidade de parcerias no ecossistema da empresa. Como vimos em vários casos ao longo deste livro, as empresas normalmente fazem parcerias com *startups* ou empresas de tecnologia para implementação de novas tecnologias digitais. Assim, mesmo que a empresa não tenha recursos financeiros ou tecnológicos para aquela implementação, pode ser que uma parceria viabilize esse desenvolvimento. Por isso, em todas as linhas do formulário, há a coluna "?", indicando que aquele ponto deve ser verificado com mais detalhes após o *workshop*.

Além disso, as linhas da parte inferior medem a contribuição da ideia para atividades mais relacionadas com os bastidores da empresa e atividades que impactam diretamente a experiência do consumidor e seu relacionamento com a marca. É importante, neste momento, refletir sobre o direcionamento estratégico da empresa e o quanto aquela ideia contribui para seu alcance. Por exemplo, se o direcionamento da empresa está associado a melhorar a eficiência da empresa no setor, com menores custos e melhores margens, ideias ligadas à operação devem ser priorizadas. Por outro lado, se o direcionamento da estratégia da empresa está apontando para promover novas formas de relacionamento de longo prazo com seus clientes, ideias com tais características devem ser priorizadas.

Uma boa medida para pontuar os aspectos da ideia é pedir que os participantes do *workshop* atribuam, anonimamente, pontos a cada uma das características e exponham suas opiniões. Se as respostas estiverem próximas, pode-se tirar uma média ou utilizar a moda (classificação que mais apareceu). Se tiverem respostas muito díspares, deve-se promover uma discussão sobre por que alguns participantes tiveram opiniões tão diversas, buscando chegar a uma conclusão sobre tal aspecto e, depois, realizar uma segunda rodada de votação.

Vale dizer que o *workshop* deve ter intervalos para que a atividade não fique por demais exaustiva ou até mesmo dar um tempo para que as pessoas pesquisem sobre a viabilidade das ideias para então, em um segundo momento, evoluírem a partir daí.

Uma vez que as principais ideias estejam classificadas, é interessante definir um ponto de corte para algumas linhas de viabilidade ou de contribuição para o negócio. Isso vai ajudar a estabelecer prioridades junto ao time. Pode-se então incentivar um embate entre as ideias que permaneceram ou classificá-las de acordo com aquilo que o time considera mais empolgante executar como experimento. Não subestime o poder da empolgação na hora de testar uma ideia. Mesmo que determinada ideia não seja aquela com a maior pontuação nos critérios, o nível de empolgação do time para experimentá-la determina o sucesso da execução do experimento.

Vamos ver agora como a Lennar incluiu dispositivos inteligentes em sua oferta de casas.

Lennar e a casa inteligente

A Lennar é uma das líderes nos Estados Unidos em termos de construção de casas e de comunidades inteiras. A empresa foi fundada em 1954 e, desde então, vem criando diferenciais para suas ofertas, desde comunidades inteiras planejadas para pessoas acima de 55 anos até suas plantas chamadas de NextGen, que inclui ambientes em que os pais idosos podem ter independência, mas ainda assim morar com seus filhos e netos.

Desde 1989, a Lennar implementou o sistema *Everything's Included* (Tudo Incluso) nas suas casas, que integram eletrodomésticos de última geração, para que as pessoas possam mudar com todo o conforto garantido.

Nos últimos anos, a Lennar iniciou uma parceria com a Amazon dentro de um novo conceito de casa inteligente produzida em grande volume. Isso porque o mercado de casas inteligentes, em geral, é composto por prestadores que fazem projetos individuais para aqueles que querem automatizar suas casas, ou mesmo por entusiastas que desejam experimentar integrações entre seus dispositivos inteligentes. No entanto, fabricar um volume grande de casas já com essa tecnologia instalada exige outro patamar de planejamento e estruturação.

As casas mais novas construídas pela Lennar, hoje, contam com vários atrativos que utilizam o conceito de internet das coisas (*Internet of Things* – IoT). Em primeiro lugar, a empresa afirma ser a primeira no mundo a construir casas *wi-fi certified*, em que absolutamente não há pontos cegos de conectividade em nenhum local da casa. Além disso, as casas são equipadas com fechaduras digitais, que registram quem entrou e em qual horário. Mas o grande atrativo é a integração entre os ambientes com a assistente Alexa, da Amazon. Ao entrar na casa, você pode pedir para essa assistente virtual ajustar a temperatura e também definir climas personalizados, por exemplo, de um ambiente romântico, em que a intensidade das lâmpadas diminui e uma música suave começa a tocar, além do vinho ser ajustado para a melhor temperatura de consumo. Ou, então, o ambiente para assistir filme, com as caixas de som ativadas, a TV ligada, as luzes apagadas e as cortinas abaixadas, além de outros dispositivos integrados, como aspirador e geladeira. A Figura 21.5 mostra as cortinas acionadas automaticamente em uma casa da Lennar.

Figura 21.5 Imagem do vídeo *Intro to Lennar Homes 2.0*, disponível em: https://youtu.be/DWfXOXnPzc8. Acesso em: 31 jul. 2020.

Vamos ver no Canvas de transformação digital, representado na Figura 21.6, como a Lennar introduziu o conceito de casa inteligente a sua oferta.

Cap. 21 • Geração de ideias

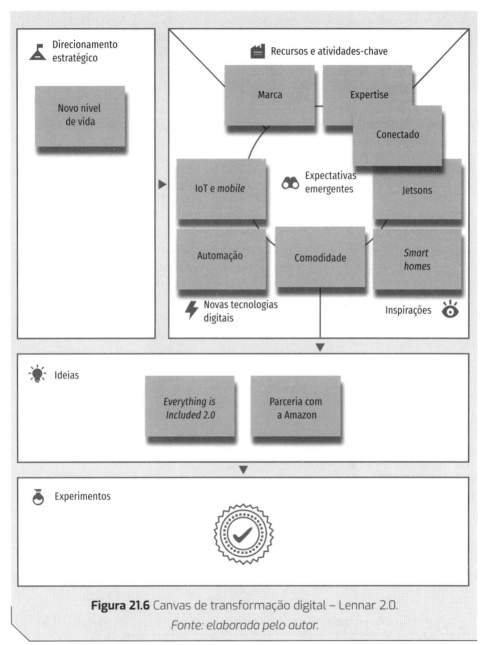

Figura 21.6 Canvas de transformação digital – Lennar 2.0.
Fonte: elaborada pelo autor.

Fonte: LENNAR. *Lennar introduces World's First Wi-Fi CERTIFIEDTM Home Designs.* Disponível em: https://www.lennar.com/wifi-certified. Acesso em: 1º ago. 2020.

CAPÍTULO 22

EXPERIMENTOS

Figura 22.1 Charge sobre a importância de experimentar antes de servir.
Admir Roberto Borges

Passei muitos anos da minha vida profissional responsável por liderar projetos de experimentação contínua *on-line*. Trabalhei com empresas da Fortune 500, nos Estados Unidos, com líderes de mercado no Brasil, assim como com algumas das maiores *startups* do país. Estes experimentos envolviam testar novas interfaces, abordagens persuasivas, produtos e até mesmo modelos de negócios nos *websites* dos clientes.

Quando comecei a realizar experimentos *on-line*, eu vinha de um *background* de atuação como consultor e, portanto, estava convicto de que tinha as melhores respostas e que testar seria apenas *pro forma* para validar minhas ideias. Tão logo comecei a realizar experimentos, rapidamente percebi que eu não tinha as melhores respostas e que quem na verdade as tinha eram os consumidores. Foram necessários muitos testes para chegar a um estado de humildade e aceitar que minhas hipóteses precisavam ser testadas sempre, isso se eu quisesse de fato garantir que o investimento da empresa para qual eu estava trabalhando iria valer a pena.

A beleza de chegar nesse ponto é que passei a não ficar mais ansioso ou sentir o peso do mundo em minhas costas sempre que precisava responder sobre a melhor escolha entre A ou B. Simplesmente, passei a ter como frase preferida: *"nós devemos testar isso"*. Assim, pude focar em me embasar ao máximo na busca de uma versão melhor de algo, seja por meio da escuta da voz do consumidor, do estudo dos movimentos dos concorrentes no mercado ou de inspirações em outras indústrias.

Uma armadilha que pode tentar suprimir a importância da experimentação é a perspectiva de que as coisas são urgentes.[34] Insista em experimentar mesmo assim. No meu último ano trabalhando exclusivamente com experimentação em *websites*, consegui o feito de confirmar todas as hipóteses que testei (foram 14 experimentos ao todo) e, desde então, percebi que contribuiria mais ensinando sobre experimentação, marketing e estratégia, e almejando que outras pessoas pudessem replicar tais resultados.

Um experimento é uma atividade voltada para a redução de risco, ao avaliar previamente se determinada possibilidade irá trazer melhores resultados em relação ao que era feito antes.

Neste livro, estamos nos referindo tanto a experimentos na interface com o cliente quanto a experimentos de eficiência operacional. Vamos ver alguns exemplos do que seriam experimentos dentro do processo de transformação digital:

- ✓ Uma empresa que oferece um *software as a service* desenvolve um novo plano *premium* e envia um formulário do tipo "avise-me quando estiver disponível" para verificar quanto aquele plano seria aceito por sua base de clientes.

- ✓ A equipe de vendas de uma empresa de aluguel de máquinas para construção civil liga para alguns clientes informando sobre um aplicativo em desenvolvimento onde será possível relocar uma máquina ou então pedir uma nova. Em seguida, pergunta se os clientes gostariam de testar quando estivesse disponível.

- ✓ Uma marca de roupas implanta um quiosque interativo onde é possível ver todos os itens das coleções futuras de modo a verificar quanto de interesse há em cada uma das peças, ajustando, assim, o volume de produção para o lançamento.

Cap. 22 • Experimentos

✓ Uma marca de óculos de sol cria uma *pop-up store* (espaço de vendas de curto prazo) para verificar a aceitação de uma linha de vestuário da marca.

✓ Uma fábrica de itens automotivos contrata um serviço de *robot as a service* para testar o quanto a automatização traria de ganho em termos de eficiência e redução de custos em sua linha de produção.

✓ Uma empresa que vende por meio de uma rede de representantes comerciais oferece um *script* de atendimento para negociação de descontos e resolução de problemas simples dos representantes, e testa um *chatbot* (na verdade, uma pessoa real interage, seguindo rigidamente o *script*) para verificar se vale a pena investir em seu próprio assistente virtual.

✓ Uma construtora testa uma *landing page* de lançamento de seu novo empreendimento com uma filmagem utilizando *drones* e um *tour* virtual, comparando os resultados em solicitações de contato com uma página sem essas características, para decidir quanto deve investir na aquisição desses equipamentos em seu próximo lançamento.

Portanto, estamos falando de um processo de criar uma situação em que seja possível testar se determinada característica do produto, modelo de negócio ou processo operacional irá trazer retornos, antes de investir mais tempo e dinheiro, reduzindo, portanto, os riscos envolvidos.

O ganho de realizar experimentos, porém, não está em um único teste executado que, por acaso, confirme determinada hipótese. O ganho está em promover um ambiente de negócio em que as pessoas estejam dispostas a testar sempre, fazendo com que a empresa evolua com uma velocidade muito maior do que quando estes testes não eram realizados. Veja alguns números que retratam o apetite por testes de algumas das empresas mais valiosas do mundo:

✓ LinkedIn: 35 mil experimentos concomitantes durante todo o ano;

✓ Booking: mil experimentos ao mesmo tempo em qualquer dia;

✓ IBM: quase três mil experimentos por ano.

É claro que, quanto mais sua empresa vende e serve os clientes *on-line*, mais fácil é realizar experimentos em grande escala, o que justifica esses números. No entanto, posso afirmar que a realidade de algumas das empresas mais inovadoras em que trabalhei estava em apenas uma dezena de testes por ano. E, quer saber? Um experimento por ano já é melhor do que nenhum. O importante é estabelecer uma cultura de experimentação, como abordamos na Parte 2 deste livro. Uma vez que seu time compreender que a experimentação é o caminho mais rápido para o crescimento, mais experimentos serão realizados. Por isso, assim que seu time começar a realizar experimentos, é interessante organizá-los em um *roadmap*, ou seja, um percurso de experimentos que serão priorizados de acordo com o direcionamento estratégico do negócio, talvez começando com pequenas vitórias e, em seguida, partindo para desafios maiores.

Um conceito importante na realização de experimentos é o produto mínimo viável (comumente chamado de MVP – *Minimum Viable Product*), uma versão do produto que pode ser lançada rapidamente sem um esforço extensivo de desenvolvimento. O MVP deve trazer o que há de mais valioso em termos de entrega de valor para o cliente, deixando de fora aspectos secundários e adjacentes a esse valor principal a ser entregue. Por exemplo, o MVP de um aplicativo de reserva de quartos de uma rede hoteleira deve permitir a reserva de quartos com facilidade, mas pode deixar para depois outros elementos da experiência, como acúmulo de pontos, *tour* virtual pelo hotel ou escrita de *reviews*. Muitos experimentos mostrados neste capítulo vão testar o MVP ou, então, uma fase ainda anterior, por exemplo, um protótipo que replique o que haveria no MVP.

Vamos seguir passo a passo no desenvolvimento de um experimento de negócios, seguindo o ciclo do *lean startup* que já vimos na Parte 2 deste livro.

Imagine que estamos trabalhando com a Shy Cheeks, uma marca de maquiagem fictícia que atua dentro da estratégia de alto valor, isto é, uma empresa que busca vender produtos de alta qualidade por um preço baixo, buscando otimizar sua operação de produção e vendas. A Shy Cheeks opera em *shoppings* e aeroportos com dois formatos: quiosques e lojas. No último ano, os quiosques foram o grande destaque, com seus custos de aluguel mais baixos, manutenção mais baixa e menores custos com pessoal.

Entrevistando algumas consumidoras, a empresa percebeu que sua estratégia de marketing utilizando microinfluenciadoras está dando muito certo, de forma que suas clientes já chegam ao quiosque sabendo exatamente quais produtos desejam adquirir. Assim, a consultoria da profissional presente no quiosque muitas vezes não é necessária, nem mesmo o teste de produtos. Essas consumidoras têm expectativas de ter o produto o mais rápido possível e, então, expressar suas personalidades utilizando-os.

A empresa, que recentemente começou a vender também pelo WhatsApp na cidade de São Paulo, percebeu que existe demanda para compras com entregas rápidas por canais próprios, mas que *shoppings* e aeroportos continuam sendo seus pontos de venda com maior atratividade, parte de rituais de consumo.

O time da empresa, então, atento a tecnologias de automação, *e-commerce* e realidade aumentada, tomou como inspiração as máquinas de vendas diversas em

Cap. 22 • Experimentos

aeroportos ao redor do mundo, como da Uniqlo, Best Buy, Dollar Shave Club e até mesmo de outras marcas de maquiagem.

E então gerou a ideia, utilizando o Canvas de transformação digital, de criar um totem de vendas para seus produtos, no estilo daqueles que vemos das companhias aéreas em aeroportos. Neste totem, as consumidoras poderiam navegar pelos produtos e, inclusive, ver inspirações do uso de cada um deles com uma integração com o Instagram, onde seria possível ver fotos marcadas com a *hashtag* que o identifica. Esses totens poderiam ser instalados em *shoppings* e a consumidora, pagando pelo item, poderia agendar o horário e o local do *shopping* em que gostaria de receber aquele item. A empresa então implantaria um armazém central, próximo aos *shoppings* onde os totens estariam localizados, com um sistema de entrega por rotas que permitiria entregar rapidamente o produto para as consumidoras. E mais, a ideia ainda incluiria a possibilidade de poder realizar uma chamada de vídeo pelo totem com uma consultora especializada em tirar dúvidas sobre o produto.

A princípio, a ideia parece promissora, pois permite reduzir custos de aluguel, estoques e pessoal, proporcionando uma experiência nova e rica para as consumidoras.

Se a Shy Cheeks resolver desenvolver um plano de negócios para este modelo e então definir um planejamento extenso detalhando suas etapas de desenvolvimento, muito provavelmente os custos envolvidos – e programados – e o tempo dispendido fariam com que aos poucos essa ideia fosse perdendo força dentro do time, à medida que a rotina e os problemas urgentes sempre entrariam na frente. Como disse anteriormente, há um grande poder no entusiasmo para levar um time a concretizar uma tarefa.

Então, a Shy Cheeks reúne um time multidisciplinar que, em parceria com uma agência especializada em *trade marketing*, vai gerar um protótipo interativo que permita simular a experiência daquela ideia. A empresa consegue então um espaço de grande movimento em um *shopping* para poder testar o totem e realizar um experimento do tipo *O Turco* (mais detalhes adiante neste capítulo), onde assim que chegar o momento do pagamento, uma pessoa do time irá se aproximar da consumidora para informar que o totem ainda está em teste, mas que ela pode fazê-lo por uma maquininha e receber o pedido como programado no totem.

Esse experimento não vai custar muito para a empresa, à medida que, em sua equipe multidisciplinar, o *designer* consegue criar uma interface de protótipo e o totem vai ser adesivado a partir de um modelo que a agência de *trade marketing* possui. O prazo é que em 30 dias já seja possível colocar o experimento para rodar.

A hipótese é que as consumidoras vão gostar de utilizar o serviço, e o sucesso do experimento será medido pelo volume de interações com o totem, o volume de vendas (e sua capacidade de gerar lucro) e a satisfação das consumidoras. O teste irá rodar por um mês e, caso seja um sucesso, aí, então, a empresa irá trabalhar no desenvolvimento do sistema completo e do totem estilizado para a marca, para iniciar uma expansão por pontos de vendas que podem ir desde *shoppings* até faculdades, ou qualquer ponto com grande movimento, já que os custos de espaço e pessoal são bastante baixos.

Se o teste não der certo, sem dúvida, o time terá aprendido bastante com o processo, sobre o interesse das consumidoras e, principalmente, sobre como rodar um experimento, estando pronto para continuar gerando novas ideias que acelerem a empresa rumo à transformação digital.

Vale destacar a importância de se estar sempre atento para a possibilidade de realizar novamente um experimento caso se perceba que pequenos ajustes podem alterar significativamente os resultados alcançados. Trabalhando com experimentação *on-line*, perdi as contas do número de vezes que meu time rodou novamente um teste fazendo algumas alterações simples e, então, o resultado passou a ser positivo. Por isso, é importante ter formas de acompanhar as métricas e também coletar opiniões durante a realização de experimentos, para que não se descarte prematuramente uma ideia com um grande potencial.

Um pequeno aviso: sempre converse com seu time, inclusive o jurídico, se for preciso, para realizar os experimentos. Vale também fazer um *debriefing* nos consumidores se necessário, explicando a natureza do experimento.

Espero que neste ponto você já esteja empolgado com a ideia de realizar testes junto ao seu time. Mas, pode estar imaginando que talvez não saiba exatamente quais tipos de experimento e técnicas seriam mais adequados para seu tipo de negócio. Por isso, vamos agora ver uma lista não exaustiva, mas bastante completa, de técnicas de experimentos em negócios. Os nomes escolhidos para as técnicas se referem a expressões do cotidiano ou referências históricas que, em um *workshop*, podem ajudar a comunicar mais facilmente uma ideia. A forma de classificação das técnicas foi inspirada por Osterwalder e Bland.[9]

O turco (automatização assistida)

◆ **O que é:**

No século XVIII, foi construída uma máquina de xadrez que teria autonomia para jogar sozinha por meio de algum tipo de inteligência artificial. A máquina consistia em uma mesa fechada e um manequim capaz de movimentar as peças no tabuleiro. O Turco viajou pelos Estados Unidos e Europa desafiando enxadristas e personalidades. Mais tarde, foi revelado seu segredo: na verdade, tratava-se de um enxadrista habilidoso escondido debaixo da mesa que realizava as jogadas (um truque de ilusionismo permitia que antes da partida as pessoas achassem que não havia ninguém).

A ideia de um experimento desse tipo é criar o protótipo de um produto ou experiência que deveria funcionar de forma automatizada, mas que, durante o período de experimento, teria uma ou mais pessoas cobrindo as funções que careceriam de um desenvolvimento mais dispendioso. Ou, ainda, a apresentação de protótipos que possuem caminhos e interações limitadas, já que não foi feito o desenvolvimento das funções completas.

Por exemplo, em um comércio eletrônico, você pode implementar algum tipo de sistema de recomendação provisório, que esteja, a princípio, mostrando produtos elencados por uma pessoa, mas que, ao se provar valioso após o experimento, será propriamente desenvolvido. Também no exemplo que vimos anteriormente, do experimento com um totem de venda de maquiagens, a interface era um protótipo e o sistema de pagamento necessitava da interação com uma pessoa para completar o processo (nesse caso, a pessoa estaria escondida somente enquanto o totem não chegasse até a tela de pagamento).

◆ **Requer** *expertise* **em:** *design*, produto, tecnologia.

◆ **Custo e tempo de desenvolvimento:** ○○○○⊙○
Depende do polimento da experiência a ser proporcionada, podendo ser mais baixo quanto mais possível for a prototipação digital.

◆ **Tempo de execução:** ○⊙○○○
O ideal é que o experimento dure entre 1 a 3 semanas.

◆ **Qualidade da evidência oferecida:** ○○○⊙○
Como é um experimento de mundo real, em que, além da manifestação da intenção, o usuário pode chegar a realmente realizar a ação de compra, a qualidade da evidência tende a ser alta.

Barraca de limonada (estande de vendas)

◆ **O que é:**

A iniciativa de montar barracas de limonada é pouco comum no Brasil, mas de toda forma figura em nosso imaginário pelas diversas vezes que isso é retratado em filmes norte-americanos, normalmente com crianças vendendo sucos para a vizinhança.

A barraca de limonada é uma venda com estrutura simples, que permite comercializar produtos por um curto período de tempo. Neste experimento, a empresa monta um estande ou pequeno quiosque e comercializa seus produtos – ou faz o *pitch* de vendas de um serviço – e então verifica o quanto haveria em ação ou intenção de compra. Instalar essa pequena estrutura em um lugar de grande movimentação, como em um evento do setor, pode trazer muitos *insights*.

◆ **Requer *expertise* em:** *design*, produto, vendas.

◆ **Custo e tempo de desenvolvimento:**   ○⊙○○○○

O custo e o tempo para desenvolver tendem a ser baixos, pois, em geral, a interação pessoal entre equipe e cliente constitui o aspecto principal do experimento.

◆ **Tempo de execução:**   ○⊙○○○

O ideal é que o experimento dure entre 1 a 3 semanas.

◆ **Qualidade da evidência oferecida:**   ○○○⊙○

Se for possível realizar a venda, a evidência geralmente é bastante robusta. Se não, a evidência é mais valiosa no sentido do *feedback* que o consumidor irá passar ao time de vendas (vale a pena criar um registro estruturado das objeções mais comuns).

Bandeira falsa (disfarce de marca)

◆ **O que é:**

Bandeira falsa, aqui em referência ao seu uso original, era uma tática em que navios piratas utilizavam a bandeira de algum país para que o navio atacado não se preparasse para o saque iminente.

Cap. 22 • Experimentos   121

É muito comum que a empresa não queira exibir sua marca enquanto faz um experimento, principalmente se o mesmo representa uma expansão merca-do abaixo, isto é, quando uma marca de luxo decide comercializar produtos com o preço mais acessível. Assim, é interessante conceber uma segunda marca e, se necessário, uma história de acobertamento, que permita à em-presa verificar a aceitação de um novo produto, sem ter nenhum impacto de reputação para sua marca principal ou indicar um movimento de mercado para concorrentes.

◆ **Requer** *expertise* **em:** *design*, produto, vendas.

◆ **Custo e tempo de desenvolvimento:**   ○○⊙○○
O custo desta técnica depende de como ela será combinada com outros tipos de experimento.

◆ **Tempo de execução:**   ○⊙○○○
O padrão é que experimentos sejam mais rápidos para manter o acobertamen-to, sendo recomendado de 1 a 3 semanas.

◆ **Qualidade da evidência oferecida:**   ○○⊙○○
A qualidade da evidência também depende da combinação de técnicas.

Lista de espera

◆ **O que é:**
A lista de espera é um tipo de experimento que irá vender a ideia do produto para seu alvo de mercado, no entanto – em vez de comercializá-lo – irá pedir para que o interessado entre em uma lista de espera. Assim, permite verificar a intenção de compra (que pode não se confirmar quando o produto estiver, de fato, disponível). A lista de espera tem a vantagem de verificar o interesse pelo produto antes de serem feitos mais investimentos.

◆ **Requer** *expertise* **em:** produto, vendas.

◆ **Custo e tempo de desenvolvimento:**   ⊙○○○○
Se esta lista for divulgada por canais como *e-mail* ou ligações de vendas, o cus-to e o tempo de desenvolvimento são bastante baixos.

◆ **Tempo de execução:** ⊙○○○○

Esta técnica pode ser realizada rapidamente, dependendo da base que será abordada, em geral em 1 a 2 semanas.

◆ **Qualidade da evidência oferecida:** ○⊙○○○

Sempre que lidamos com a manifestação de interesse, estamos ainda distantes da compra em si. Por isso, é preciso ter atenção para o quanto a intenção pode se transformar em ação de compra. Em ambientes *on-line*, pedir o cartão de crédito para entrar na lista de espera pode aumentar a qualidade da evidência.

Página de vendas (*sales page*)

◆ **O que é:**

Criar uma página de vendas (em inglês, seria *sales page*, mas a prática de mercado acaba por chamar todo tipo de página com um único propósito de conversão de *landing page*) pode ser uma ótima maneira de verificar o interesse do público pelo produto. Uma página de vendas deve ter o único propósito de direcionar o visitante para a ação desejada, que pode ser a venda ou a reserva de um produto. A medição da taxa de conversão dará um bom indicativo do quanto aquele produto é atraente para os visitantes.

◆ **Requer *expertise* em:** *design*, produto, tecnologia, vendas.

◆ **Custo e tempo de desenvolvimento:** ○⊙○○○

Com ferramentas *on-line*, como Unbounce ou LeadPages, é bastante rápido e barato criar páginas que atendam boas práticas de conversão.

◆ **Tempo de execução:** ○○⊙○○

O tempo de execução depende do tráfego que sua página irá conseguir atrair. Isso pode fazer com que você tenha que gastar mais em anúncios *on-line* para trazer mais visitantes até sua página.

◆ **Qualidade da evidência oferecida:** ○○○⊙○

Se a página for até o final da ação de compra, a evidência será bastante sólida. Tenha atenção, no entanto, para verificar se a página atrai a persona certa.

Campanha de marketing temporária

◆ **O que é:**

Criar campanhas de marketing temporárias em plataformas como Google Ads ou Facebook Ads permite verificar o interesse por determinado produto. Quanto melhor as campanhas e mais direcionadas para o público certo, mais acurada será a resposta do mercado sobre aquela oferta.

◆ **Requer *expertise* em:** *design*, produto, tecnologia, vendas.

◆ **Custo e tempo de desenvolvimento:** ○⊙○○○

Com ferramentas *on-line*, como Unbounce ou LeadPages, é bastante rápido e barato criar páginas que atendam boas práticas de conversão.

◆ **Tempo de execução:** ○○⊙○○

O tempo de execução depende do tráfego que sua página irá conseguir atrair. Isso pode fazer com que você tenha que gastar mais em anúncios *on-line* para trazer mais visitantes até a sua página.

◆ **Qualidade da evidência oferecida:** ○○○⊙○

Se a página for até o final da ação de compra a evidência, será bastante sólida. Tenha atenção, no entanto, para verificar se a página atrai a persona certa.

Teste A/B

◆ **O que é:**

Consiste na realização de um experimento em que o tráfego de determinado *website* é dividido, normalmente, com 50% para cada versão (mas isso pode ser configurado de maneira diferente), e cada grupo de visitantes irá ver uma versão específica de uma página ou de uma sequência de páginas.

O teste A/B permite comparar qual versão de seu produto ou abordagem de vendas tem maior apelo, por exemplo. Apesar de ter se popularizado com este nome, o teste A/B pode incluir mais de duas versões. Com grande controle estatístico, mesmo ferramentas gratuitas como o Google Optimize, o teste A/B é uma ótima forma de realizar experimentos *on-line*.

◆ **Requer *expertise* em:** *design*, produto, tecnologia, marketing, vendas, dados.

◆ **Custo e tempo de desenvolvimento:** ○⊙○○○

O custo de criar uma segunda versão para uma página costuma ser baixo, sendo que, em mudanças mais simples, a própria ferramenta de testes permite alterações visuais e textuais.

◆ **Tempo de execução:** ○○⊙○○

O tempo de execução depende do volume de visitantes e da taxa de conversão da página, além do quanto as versões produzem resultados diferentes.

◆ **Qualidade da Evidência Oferecida:** ○○○⊙○

Se a página for até o final da ação de compra, a evidência será bastante sólida. Tenha atenção, no entanto, para verificar se a página está atraindo a persona certa.

Cover-up (produto concorrente disfarçado)

◆ **O que é:**

Este teste consiste em esconder a marca de um produto concorrente (ou produto somente disponível em outro mercado) e colocar sua marca com o intuito de, em um ambiente controlado, entrevistar participantes sobre o quanto aquele produto é desejável. É importante destacar que este é um teste de laboratório, no sentido de comercializar um produto do concorrente sob sua marca seria ilegal. A vantagem desse teste é verificar o quanto determinada característica do produto de outra empresa teria encaixe com sua proposta de valor ou marca, antes de se investir em seu desenvolvimento.

◆ **Requer** *expertise* **em:** *design*, produto, marketing.

◆ **Custo e tempo de desenvolvimento:** ○⊙○○○

Como o produto a ser exibido já está desenvolvido, o custo fica por conta somente do disfarce. Há o custo de recrutar consumidores para participarem da pesquisa em um ambiente controlado.

◆ **Tempo de execução:** ⊙○○○○

É possível que cada experimento desse tipo seja feito com grande velocidade, normalmente em cerca de uma semana.

Cap. 22 • Experimentos **125**

◆ **Qualidade da evidência oferecida:** ○○◉○○

Os *insights* desse tipo de experimento são limitados a compreender o quanto características de um produto desenvolvido por terceiros pode representar um ganho para sua empresa. O contexto de laboratório limita as conclusões para o mundo real.

Ligação de vendas

◆ **O que é:**

Neste teste simples, a equipe de vendas deve fazer ligações para uma base de contatos, seja de clientes ou de *leads* (possíveis interessados em soluções da empresa), ofertando um produto que ainda está em fase de desenvolvimento. Essas ligações permitirão conhecer diretamente quais são as objeções dos consumidores em relação ao produto. É interessante que as conversas sejam armazenadas e os dados analisados, categorizando-se as opiniões mais frequentes, ou que pelo menos a equipe de ligações faça um registro estruturado das interações.

◆ **Requer** *expertise* **em:** marketing, vendas.

◆ **Custo e tempo de desenvolvimento:** ◉○○○○

O custo e o tempo de desenvolvimento estão diretamente ligados à elaboração de um *script* de vendas, portanto, podem ser feitos com rapidez por um profissional experiente de vendas, juntamente com a equipe de marketing.

◆ **Tempo de execução:** ◉○○○○

O tempo depende do tamanho da base de contatos que será abordada e da disponibilidade dos profissionais de vendas. No entanto, sob boas condições de estrutura, esse experimento pode ser realizado com rapidez.

◆ **Qualidade da evidência oferecida:** ○◉○○○

O fato de não haver elementos visuais ou táteis para apoiar o discurso de vendas torna a oferta menos tangível, podendo, assim, gerar uma baixa aceitação do produto, quando em outras circunstâncias ela poderia ser maior.

Lista VIP (teste de mercado limitado)

◆ **O que é:**

A lista VIP é uma variação do teste de mercado em que serão selecionados para participar do experimento apenas alguns clientes ou pessoas com bom relacionamento com a empresa e, também, capacidade de avaliação. De preferência, os selecionados para o experimento devem corresponder ao *ideal customer profile* (ICP), uma descrição das características e das dores que deve ter um cliente ideal para determinada solução. Pode ser interessante testar versões preliminares de um produto nesta lista VIP, de modo a coletar *feedbacks* para a evolução até uma versão de MVP capaz de ser colocado em um mercado mais amplo.

Uma decisão importante a ser tomada é se os participantes do experimento deverão pagar pelo produto ou não, mesmo que seja um valor simbólico. Se for gratuito, você terá mais adesão, mas também deixará de medir a disposição dos participantes em realmente pagar pelo serviço. Uma alternativa pode ser criar um pacote de vantagens para esses clientes em outros produtos já comercializados ou neste produto, futuramente.

◆ **Requer** *expertise* **em:** produto, marketing, vendas.

◆ **Custo e tempo de desenvolvimento:** ○○⊙○○

O custo e o tempo de desenvolvimento do experimento dependem de como a oferta será apresentada para esta lista e o quanto os mesmos terão acesso a um produto, em fases mais avançadas de desenvolvimento.

◆ **Tempo de execução:** ○○⊙○○

O ideal é que cada ciclo de desenvolvimento do produto seja organizado em *sprints* de algumas semanas. Mas, novamente, isso vai depender de quão avançada ou preliminar é a versão do produto a ser apresentada.

◆ **Qualidade da evidência oferecida:** ○○○⊙○

Quanto mais contato com o produto em estágios avançados de desenvolvimento, mais sólida será a evidência. No entanto, se a lista for composta por pessoas com relacionamento muito próximo à empresa, pode ser que a opinião fique um pouco enviesada.

Teste de mercado

◆ **O que é:**

O teste de mercado é uma técnica tradicional do marketing que consiste em selecionar pontos de vendas, localização geográfica, canais de venda ou qualquer tipo de segmentação controlada para fazer o lançamento do produto somente para aquele público predeterminado. Por exemplo, uma rede de moda íntima decide fazer um teste de aceitação de uma nova linha de camisolas mais confortáveis e o fará somente nas lojas de determinada cidade. Isso permite que a empresa reduza os custos que um lançamento amplo exigiria e teste a aceitação de determinado produto no mercado. No entanto, como o teste exige um produto no estágio mais avançado de desenvolvimento, este teste requer que já tenham sido feitos investimentos significativos no produto.

◆ **Requer *expertise* em:** *design*, produto, tecnologia, vendas, marketing.

◆ **Custo e tempo de desenvolvimento:** ○○○○◉

O teste de mercado em seu formato tradicional tende a ser mais dispendioso, pois exige o produto em um estágio avançado e, muitas vezes, inclusive, o material de ponto de venda.

◆ **Tempo de execução:** ○○◉○○

O tempo de execução de um teste de mercado tende a não ser muito demorado, dependendo do tamanho do segmento no qual o produto for testado. Em geral, recomenda-se de 1 a 2 meses de execução.

◆ **Qualidade da evidência oferecida:** ○○○○◉

O teste de mercado oferece evidências sólidas da aceitação do mercado de determinado produto. Vale ressaltar que, como normalmente não são feitas campanhas de marketing que geram demanda imediata, os resultados deste teste podem ser inferiores se houvesse tais campanhas sendo veiculadas.

Pop-up store

◆ **O que é:**

A *pop-up store* é uma loja temporária da marca, que pode ser itinerante ou somente ser utilizada em ocasiões específicas. Normalmente, tem uma estruturação maior do que um simples estande de vendas, trazendo, em geral, um *design* conceitual que permite "experimentar" a marca, criando sensações e experiências ricas para os consumidores. A *pop-up store* pode ser flexível na forma como se configura, dependendo do *mix* de produtos que vai ofertar ao público. É um método interessante para testar novos produtos ou para avaliar a aceitação de determinado mercado, para posterior entrada com lojas físicas.

◆ **Requer *expertise* em:** *design*, produto, tecnologia, marketing, vendas.

◆ **Custo e tempo de desenvolvimento:** ○○○○○⊙

Uma *pop-up store* bem estruturada tende a ter um custo alto de desenvolvimento, mas esse custo tende a apresentar um bom retorno sobre o investimento (ROI) em razão de sua flexibilidade, sendo possível alterar localização e características para atender a uma demanda latente.

◆ **Tempo de execução:** ○○⊙○○

A *pop-up store* normalmente tem a característica de ser temporária, ficando em cada localização por 1 a 2 meses, mas seu uso pode ser contínuo, como uma espécie de laboratório de teste itinerante da marca.

◆ **Qualidade da evidência oferecida:** ○○○⊙○

Em face de seu caráter temporário, a *pop-up store* cria um senso de exclusividade e urgência que pode estimular a demanda mais do que uma loja física o faria. Por isso, pode ser que os resultados alcançados com essa estratégia não se realizem posteriormente na estrutura instalada da marca.

Edição limitada

◆ **O que é:**

Este é um tipo de teste de mercado que busca fazer um lançamento mais abrangente de determinado produto, inclusive realizando ações de marketing para sua divulgação. O senso de urgência e exclusividade é bastante estimulado no consumidor. Se o produto não for um sucesso, a marca se protege, já que aquela era apenas uma versão limitada do produto. Se houver uma grande aceitação, a marca pode manter o produto e ainda ganhar a simpatia do consumidor.

◆ **Requer *expertise* em:** *design*, produto, tecnologia, marketing, vendas.

◆ **Custo e tempo de desenvolvimento:** ○○○○○⊙

Como envolve a criação do produto final e, muitas vezes, a execução de campanhas de marketing, este tende a ser um teste dispendioso.

Cap. 22 • Experimentos 129

◆ **Tempo de execução:** ○○⊙○○

Para manter o caráter de edição limitada, o ideal é que o tempo de execução do teste fique em 1 a 2 meses.

◆ **Qualidade da evidência oferecida:** ○○○⊙○

A evidência é bastante sólida, já que os consumidores estarão avaliando o produto e comprando-o de fato. No entanto, o caráter temporário estimula a demanda em função do senso de urgência, o que pode trazer resultados mais expressivos no período de testes.

Crowdfunding

◆ **O que é:**

Crowdfunding é uma forma moderna de realizar um teste de mercado, graças à popularidade de *websites* como Kickstarter e Indiegogo. Consiste em criar uma campanha de arrecadação de fundos para o desenvolvimento de um produto, diretamente financiado pelos consumidores. Em geral, os consumidores que apoiam o financiamento recebem o produto caso a campanha seja um sucesso, ainda com o desbloqueio de bônus àqueles que acreditaram na ideia. Normalmente, é oferecida ao consumidor a vantagem de não ter que desembolsar o dinheiro caso o projeto não chegue em sua meta de financiamento.

Este é um teste de mercado poderoso, pois verifica diretamente com o mercado consumidor o interesse por um produto potencial e, ao mesmo tempo, permite que a empresa não financie o produto com seus próprios fundos.

Uma desvantagem para empresas maiores é a crítica de que talvez a empresa não precisasse arrecadar junto aos consumidores para desenvolver um produto, mas isso tem diminuído quanto mais popular tem ficado esta prática. Outro ponto importante é que, se o produto estiver em um estágio muito inicial de desenvolvimento, uma campanha bem-sucedida liga o alerta dos concorrentes, o que pode atrair uma concorrência para o lançamento que, de outra forma, não existiria.

◆ **Requer *expertise* em:** *design*, produto, tecnologia, marketing, vendas.

◆ **Custo e tempo de desenvolvimento:** ○○⊙○○

Depende do estágio de desenvolvimento que o produto ou tecnologia será apresentado ao consumidor. Além disso, campanhas estruturadas envolvem a produção de vídeos e material gráfico de alta qualidade.

◆ **Tempo de execução:** ○○◉○○

Em geral, as campanhas são lançadas com o prazo de um mês para serem financiadas.

◆ **Qualidade da evidência oferecida:** ○○○◉○

O *crowdfunding* oferece evidências sólidas do potencial de mercado de determinado produto. No entanto, como no Brasil esta prática não é tão disseminada como em outros países, o alcance da campanha pode ser limitado.

Vazamento de informações

◆ **O que é:**

Este teste consiste em, propositalmente, divulgar algumas informações de um produto fora dos canais oficiais da empresa, com intuito de gerar uma conversação sobre o mesmo. A empresa pode, assim, fazer uma escuta dessa conversa gerada, verificar se existe interesse no lançamento do produto e, com isso, obter informações valiosas para suas decisões futuras em relação ao produto. Caso não haja muito interesse ou a recepção seja negativa, a empresa pode informar que se tratava de um produto em desenvolvimento apenas.

Esta prática fica em uma linha tênue ética e deve ser bem ponderada pela empresa. De maneira geral, não há problemas em divulgar informações por um canal não oficial da empresa, mas a história de acobertamento não deve tornar o ato em algo desonesto por parte da empresa.

Com frequência, principalmente no ambiente *on-line*, as opiniões costumam ser extremadas, o que pode levar a empresa a acreditar ou desacreditar demasiadamente em uma ideia.

◆ **Requer *expertise* em:** *design*, produto.

◆ **Custo e tempo de desenvolvimento:** ○○◉○○

O investimento de custo e tempo aqui depende do grau de desenvolvimento do produto cujas informações serão disponibilizadas.

◆ **Tempo de execução:** ○○◉○○

O tempo de execução da divulgação da informação em si é bastante curto, porém, aqui depende também do estágio de desenvolvimento do produto a ser divulgado.

◆ **Qualidade da evidência oferecida:** ○○⊙○○

Em razão da polarização e exacerbação de opiniões na internet, a evidência pode ter um viés extremista.

Caixa de cereal (embalagem de produto)

◆ **O que é:**

Pense em uma boa caixa de cereal, que mostre o produto em seu estágio mais glorioso de sugestão de consumo, assim como informações bem trabalhadas sobre suas principais caraterísticas e benefícios para o consumidor. Esta técnica consiste em, no lugar de desenvolver o produto em si, criar uma embalagem que mostre como ele será e também suas características. A diferença de anúncios temporários ou páginas de vendas é que aqui se proporciona uma experiência física para o consumidor.

Em geral, como não há o produto em si, este teste pode ser feito em ambientes controlados, para coleta de informações e percepções dos consumidores.

◆ **Requer** *expertise* **em:** *design*, produto, marketing, vendas.

◆ **Custo e tempo de desenvolvimento:** ⊙○○○○

Com as *expertises* certas na equipe, tende a ser um teste barato.

◆ **Tempo de execução:** ⊙○○○○

Em geral, por se tratar de uma técnica em ambiente controlado, pode ser feita a coleta de opiniões rapidamente, em 1 a 2 semanas.

◆ **Qualidade da evidência oferecida:** ○⊙○○○

Como não envolve o produto em si e, também, o teste costuma ocorrer em um ambiente controlado, a evidência tende a não ser tão sólida.

Visite o decorado (protótipo em tamanho real)

◆ **O que é:**

Algumas construtoras habitualmente, antes mesmo de avançar na estrutura de um empreendimento, disponibilizam aos clientes um apartamento decorado junto ao estande de vendas, mostrando todo o potencial que o produto tem, embora o gasto com a decoração seja irreal para a maior parte dos compradores. Este apartamento é um protótipo em tamanho real e, com isso, oferece uma experiência muito rica e emocional com o produto.

Esta técnica pode ser utilizada por outras empresas fora do setor de imóveis e trazer os mesmos benefícios. Quanto mais seu produto envolver uma experiência de imersão no ambiente, mais adequada é esta técnica. Podemos incluir aqui também a indústria automotiva, onde os consumidores, muitas vezes, fazem o *test-drive* em veículos bastante completos, quando os mais vendidos serão, na verdade, os modelos mais básicos.

◆ **Requer *expertise* em:** *design*, produto, tecnologia, marketing, vendas.

◆ **Custo e tempo de desenvolvimento:** ○○○○⊙

A criação do protótipo em tamanho real ou do produto em sua melhor forma envolve o desenvolvimento completo do mesmo, por isso este teste exige um investimento considerável.

◆ **Tempo de execução:** ○○⊙○○

O tempo de execução vai depender do tipo de produto e do quanto se deseja que aquela experiência esteja disponível.

◆ **Qualidade da evidência oferecida:** ○○○⊙○

Em geral, como o protótipo apresenta seu produto em sua melhor forma, a opinião tende a ser muito positiva e esconder alguns possíveis aspectos negativos do produto em seu uso real.

Bom, passamos por um grande número de experimentos que permitem a redução dos riscos no desenvolvimento de novos produtos e incorporação de tecnologias digitais em sua proposta de valor. Estes experimentos podem ser mesclados ou apenas servir como base de inspiração para que você idealize um teste que se adeque à realidade específica de seu negócio.

Durante o *workshop* com o Canvas de transformação digital, é interessante utilizar o *card* da Figura 22.2 para um esboço de como será feito o experimento.

Essa figura está disponível como material suplementar do livro. Veja o passo a passo para o acesso na página anterior ao Sumário.

ESBOÇO DE EXPERIMENTO

1. Hipótese
Acreditamos que:

2. Teste
Por isso vamos:

3. Medição
Vamos medir durante o teste:

4. Critério de sucesso
Consideraremos este teste bem-sucedido se:

Figura 22.2 *Card* de esboço de experimento.
Fonte: elaborada pelo autor.

Como mostrado no *card*, é muito importante estabelecer quais são as métricas principais (comumente é utilizado o termo KPI, de *Key Performance Indicators*) a serem acompanhadas durante o experimento, que pode compreender vendas, subscrições para uma lista de espera, notas em uma escala de intenção de compra ou, até mesmo, a medição de sentimentos manifestados em dados qualitativos (opiniões e falas).

É importante também, desde o início, estabelecer um critério de sucesso, que é uma meta dentro das métricas estabelecidas. O critério pode envolver alcançar determinado número de vendas durante o período ou, então, ter pelo menos um percentual específico de pessoas interessadas no produto.

Vamos ver como o Walmart considera tão importante a realização de experimentos que implantou uma unidade separada de seu negócio principal específica para desenvolver e testar novas soluções.

A incubadora de tecnologia do Walmart

Muitas empresas, ao observarem a rápida movimentação das *startups* e a forma como elas impulsionavam seus negócios utilizando tecnologias nascentes, perceberam que as iniciativas de inovação dentro de uma cultura corporativa mais tradicional e burocrática morriam rapidamente e não escalavam tanto quanto em empresas bem menores. Por isso, se tornaram comuns formas de inovar para fora dos muros da empresa, implantando unidades de negócios independentes, patrocinando espaços de inovação e gerenciando incubadoras. Isso faz com que a empresa usufrua de um braço mais ágil de ação no mercado, não estando sujeita aos impedimentos que uma empresa tradicional cria para si quanto maior fica.

Em geral, essas iniciativas são interessantes, pois permitem que a empresa respire para fora de suas rotinas, relatórios e incêndios que surgem diariamente na rotina corporativa. No entanto, mesmo que o grau de liberdade seja grande, ainda assim essas iniciativas acabam de alguma forma respondendo à estrutura corporativa. Além disso, a ideia é que muitas dessas iniciativas tragam formas de transformar o negócio principal (*core business*) da empresa, atuando de fora para dentro. No fim, o objetivo é gerar inovação por meio de operações, produtos e modelos de negócios para que a empresa esteja blindada contra ataques de mercado e pronta para continuar relevante na vida de seus clientes, em um horizonte de médio e longo prazos.

Por isso, minha perspectiva é de que não adianta financiar um novo braço inovador, sendo este braço anexado a um corpo disfuncional. É preciso que a inovação flua por todas as artérias organizacionais e, por isso, este livro dedicou a Parte 2 para falar sobre cultura e como fomentar o surgimento de líderes de transformação digital. Assim, seja partindo de uma iniciativa no prédio da empresa, no prédio ao lado, ou a quilômetros de distância, é preciso um alinhamento cultural que se oriente pela inovação, que passe necessariamente por reinventar o negócio utilizando novas tecnologias digitais.

Mais de 160 milhões de norte-americanos compram no Walmart todos os dias. Uma mudança simples em suas lojas alcança uma escala gigantesca, já que a empresa tem mais de 11 mil lojas. No entanto, se a empresa ficar paralisada pelo seu tamanho e não conseguir inovar e se reinventar, as chances são de que outras empresas o farão, até que seu tamanho e sua obsolescência o levem à derrocada. Com isso em mente, o Walmart criou a Store Nº 8, uma incubadora para gerar inovações que representem o futuro do varejo. *Startups* e empreendedores fazem parte dessa incubadora e trabalham em soluções focadas em varejo, de forma que possam criar serviços e bens incorporáveis ao negócio principal do Walmart ou até mesmo gerar outras unidades independentes. Em termos da experiência de varejo em si, essas inovações estão, hoje, em pensar um Walmart que oferece uma experiência *omnichannel* para seus consumidores, integrando físico e virtual de maneira uníssona.

Em uma das chamadas da incubadora, foram convidadas *startups* que trabalham com realidade virtual e o desafio para que elas apresentassem soluções passíveis de serem incubadas pelo Walmart começou com uma frase do tipo "Se dinheiro não fosse o problema, como você transformaria o varejo com o uso da tecnologia de realidade virtual?". Isso mostra o apetite da empresa por inovações capazes de fazer frente à Amazon, um grande desafiante neste sentido.

Uma das inovações incubadas pela Store Nº 8 que já foram incorporadas pelo Walmart, em seu portfólio de serviços, foi o Walmart InHome. Trata-se de um serviço que permite com que o Walmart coloque comida diretamente na sua geladeira. Isso mesmo, um colaborador do Walmart vai entrar em sua casa, mesmo sem você estar lá, e colocar a comida exatamente onde ela deve estar, como mostra a Figura 22.3. Assim, o consumidor não precisa se preocupar em ir até a loja, em receber seus produtos e nem em guardá-los. Trata-se de uma expectativa emergente de conveniência levada ao extremo.

Figura 22.3 Imagem da página de vendas do *Walmart InHome*, disponível em: https://inhome.walmart.com/grocery. Acesso em: 31 jul. 2020.

Para que essa solução não parecesse inviável ou mesmo insana, algumas tecnologias digitais foram incorporadas no modelo:

- ✓ O assinante do serviço recebe uma nova fechadura digital, conectada ao *wi-fi* da casa e integrado a um aplicativo *mobile*, para a porta de sua casa ou garagem, que garante o acesso de um colaborador do Walmart somente durante um período específico de tempo e para executar a abertura somente uma única vez para cada entrega.

- ✓ Quando o colaborador do Walmart chega até sua casa, você recebe uma mensagem informando e, então, pode acessar o aplicativo para assistir a entrega ao vivo, a partir de uma câmera no entregador que está transmitindo via *streaming*. Se você não quiser assistir ao vivo, sem problemas, essa gravação ficará disponível para quando você quiser. E mais, se a câmera do colaborador por algum motivo, não estiver funcionando, a entrega não acontece.

- ✓ Assim que o colaborador entrega os produtos, ele registra sua saída da casa e você recebe uma notificação de que a entrega foi feita.

Esse serviço foi testado inicialmente como um projeto secreto desenvolvido pela Store Nº 8, sem levar a marca do Walmart (experimento do tipo bandeira falsa, conforme vimos neste capítulo), e só foi anunciado como da empresa quando incorporado à operação do Walmart.

A empresa garante que os custos envolvidos no serviço não são muito maiores do que os custos normais de operação e distribuição, mas que o valor agregado para os consumidores é muito grande, principalmente para aqueles que tem uma vida corrida e ficam pouco em casa.

Bom, se o Walmart InHome irá ser um grande sucesso, isso ainda é uma incógnita, mas o importante para o Walmart é estar testando novos produtos e novos modelos e levando seu negócio adiante. Se não este ou outros serviços vão incorporando tecnologia ao negócio e, assim, a empresa vai continuar sendo relevante para milhões todos os dias. É essa perspectiva que espero que sua empresa consiga ter quando olhar para o futuro.

Vamos ver no Canvas de transformação digital, na Figura 22.4, a linha de pensamento que conduziu a Store Nº 8 e o Walmart a criarem o Walmart InHome.

Cap. 22 • Experimentos

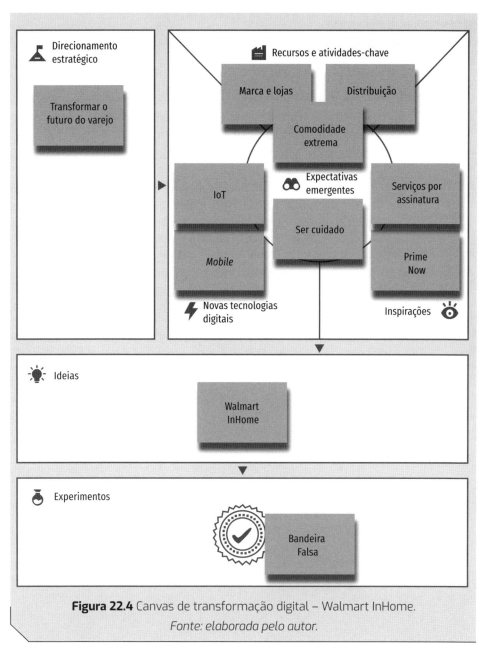

Figura 22.4 Canvas de transformação digital – Walmart InHome.
Fonte: elaborada pelo autor.

Fonte: STORE Nº 8. Delivery all the way to the fridge. Disponível em: https://www.store-no8.com/inhome. Acesso em: 1º ago. 2020.

RESUMO

Alguns dos pontos principais apresentados nesta Parte 3:

1. A utilização de uma ferramenta como o Canvas de transformação digital para alinhar o modelo mental do time pode ajudar a encontrar caminhos interessantes em sua jornada de transformação digital.

2. O direcionamento estratégico do negócio deve ser a base sob a qual as iniciativas de transformação digital serão ideadas.

3. Os recursos e atividades-chave da empresa, assim como inspirações do que já é ofertado por outros negócios e também as novas tecnologias digitais, formam as expectativas emergentes dos consumidores, que, quando atendidas, aumentam a probabilidade de sucesso de uma iniciativa no processo de transformação digital.

4. A profusão de ideias geradas em uma sessão de *workshop* deve ser filtrada e transformada em hipóteses e experimentos que possam validar tal ideia antes de investir mais tempo e dinheiro.

Uma cultura que valoriza a experimentação, e que aprende com suas hipóteses não validadas, tem maiores chances de ser bem-sucedida em um cenário competitivo e tecnológico de constante mudança.

PARTE 4

GUIA RÁPIDO DE TECNOLOGIAS EMERGENTES

Capítulo 23. *Big data*
Capítulo 24. *Cloud computing*
Capítulo 25. Internet das coisas
Capítulo 26. Realidade estendida
Capítulo 27. Impressão 3D
Capítulo 28. Inteligência artificial
Capítulo 29. Robôs autônomos
Capítulo 30. Cibersegurança

Assista ao vídeo exclusivo para esta parte.

Nesta Parte 4, as seguintes questões serão abordadas:

1. Quais são as tecnologias emergentes mais relevantes atualmente?
2. Como essas tecnologias emergentes funcionam?
3. De que forma tais tecnologias emergentes se integram em soluções que proporcionam boas experiências aos consumidores?
4. Como estão sendo aplicadas tais tecnologias em diferentes indústrias?

QUARTA REVOLUÇÃO INDUSTRIAL

Nesta Parte 4, vamos passar por algumas das tecnologias digitais que vão moldar a forma como as empresas realizarão seus processos de transformação digital nos próximos anos.

Estamos neste momento vivenciando o início da Quarta Revolução Industrial e isso é realmente um grande marco. Em geral, nas revoluções industriais anteriores emergiram poucas, mas grandes tecnologias que, juntamente com suas aplicações, modificaram radicalmente os processos produtivos. A Primeira Revolução Industrial, com início no século XVIII, teve como marco a mecanização do trabalho – por exemplo, o tear mecânico – e a utilização da energia do vapor e do carvão em máquinas. A Segunda Revolução Industrial, iniciada no século XIX, foi marcada pelo modelo de produção em linha de montagem, ampliando a escala de produção de itens que se tornaram acessíveis ao mercado, pela utilização da energia elétrica e do motor de combustão interna. A Terceira Revolução Industrial, já no século XX, foi marcada pelo surgimento da informática e da tecnologia da informação, da eletrônica e utilização de robôs em linhas de produção, além do uso da energia nuclear.

Já a Quarta Revolução Industrial, na qual estamos situados, tem como marco os sistemas ciberfísicos (*cyber-physical systems*), isto é, a integração de dispositivos mecânicos com o poder computacional em máquinas capazes de reconhecer seu ambiente e agir de forma inteligente. Essa revolução está assentada sobre os avanços da tecnologia digital e dos sistemas computadorizados, além de toda uma gama de novas tecnologias que sustentam os pilares desta Indústria 4.0.

Por exemplo, imagine uma fazenda inteligente que utiliza um *drone* autônomo para pulverização. Esse *drone* (que é um robô autônomo) sai de sua base em um horário específico para escanear determinada área, enviando dados para a nuvem (*cloud computing*) e reconhecendo padrões na plantação (inteligência artificial) para tomar decisões sobre a quantidade de produtos químicos a ser despejada em cada área da plantação. Além disso, esse *drone* se comunica diretamente com o sistema de irrigação (internet das coisas), de modo a otimizar a interação entre os dois e, assim, obter melhor resultado para a plantação. Após seu voo, o veículo retorna sozinho para a base, onde será carregado para realizar novos voos ou receber novas instruções. Veja como esse dispositivo, que não é uma invenção minha, mas uma realidade, utiliza várias tecnologias diferentes para ser esse sistema ciberfísico inteligente.

Você pode estar pensando que sistemas assim são muito caros e não vão estar acessíveis para seu negócio. Como destaquei em vários momentos neste livro, se você fosse desenvolver em sua empresa algo assim internamente, sem dúvida, seria uma jornada muito difícil. Mas, para ser competitivo, hoje e no futuro, é preciso que sua empresa esteja disposta a firmar parcerias que irão colaborar para encontrar as soluções mais adequadas para seu negócio. Vimos neste livro, e esta Parte 4 ainda apresentará muito exemplos semelhantes, que mesmo empresas grandes buscaram parceiros externos para gerar soluções inovadoras. E, então, você pode também estar se perguntando se os custos não seriam proibitivos para negócios de pequeno ou médio porte como o seu. Na maioria das vezes, a resposta é um sonoro não, à medida que as empresas de tecnologias vêm investindo em soluções que são disponibilizadas em forma de pagamento recorrente, aluguel, pagamento por utilização, entre outras, que vão reduzir não só o custo inicial da adoção de uma tecnologia, bem como o tempo de *payback* do investimento realizado. Por isso, minha sugestão é que você e sua equipe não limitem suas ideias por conta de custos, em um primeiro momento. Inicialmente, utilize o Canvas de transformação digital como uma forma de ter ideias, mesmo que elas pareçam distantes e muito ousadas. Depois, comece a conversar com parceiros que possam ajudar a adequar os planos para a realidade tecnológica. Você pode se surpreender como, hoje, é possível inovar ainda que com orçamentos mais limitados.

Nesta Parte 4, vamos passar por algumas das tecnologias digitais mais inovadoras que vêm sendo adotadas das mais diferentes formas por empresas em todo o mundo. Essas são algumas das principais tecnologias que sustentam a Indústria 4.0, mas cujas aplicações se expandem para além do setor secundário (a indústria), sendo aplicado em todo setor primário e, também, no terciário, em serviços de todas as naturezas. Observe que vamos trabalhar nesta parte com tecnologias como *big data*, *cloud computing*, *blockchain*, as quais representam algumas das formas mais avançadas para reduzir custos, aumentar eficiência e gerar valor para os clientes atualmente. Optei por não abordar diretamente tecnologias de base para esses avanços – internet, dispositivos móveis, aplicativos *mobile* e redes sociais, GPS – visto que tais tecnologias já estão mais maduras e alcançaram seu platô de produtividade (saiba mais sobre os estágios que uma tecnologia atravessa pesquisando sobre o *Gartner Hype Cycle*). Isso não quer dizer que não sejam importantes, elas são fundamentais. Se seu negócio ainda está em um estágio em que tais tecnologias não foram incorporadas de uma forma ou de outra, é interessante conhecer as novas tecnologias que veremos daqui para frente, mantendo o foco em equilibrar a contemporaneidade do negócio antes de implementá-lo de modo mais avançado em termos do que a média de seu mercado está realizando.

É muito importante que você esteja sempre atento ao seu mercado e mercados adjacentes para conhecer o que as empresas têm feito e como estão se tornando mais tecnológicas e mais competitivas. Para se manter atualizado, vale também acompanhar empresas e influenciadores que falam sobre seu mercado e, também, aqueles que abordam a tecnologia de forma ampla. Conforme vimos na Parte 3 deste livro, as expectativas emergentes dos clientes devem moldar seus comportamentos de compra e o valor que atribuem às empresas e suas ofertas. Por esta razão, é preciso manter o olhar próximo no que seus concorrentes diretos e indiretos estão fazendo, mas também em todo o mercado. Particularmente, tenho uma rotina diária de acessar *websites* nacionais e internacionais de tecnologia para conhecer os últimos lançamentos, casos de empresas e avanços tecnológicos, o que me permite antever como os mercados vão se comportar e quais tecnologias têm gerado inovações mais interessantes. Acompanho também vários canais no YouTube ligados à tecnologia, assim como grandes empresas inovadoras para ver como estão se movimentando. Participar de eventos, assistir *webinars*, entrevistas, também é muito importante para descobrir o que os profissionais com maior destaque no mercado têm feito. Atualmente, não há como escapar de acompanhar o avanço da tecnologia, sob o risco de, profissionalmente, você se tornar rapidamente obsoleto. As inovações surgem em grande velocidade e o profissional do presente e do futuro precisa estar atento a estas mudanças.

Espero que os próximos capítulos possam introduzir as tecnologias que são pilares da Quarta Revolução Industrial, fazendo com que você não somente as compreenda, mas também consiga ter alguns *insights* de como elas ajudariam seu negócio. Novamente, não se importe se suas ideias e de seu time pareçam, inicialmente, impossíveis, porque o processo de ideação deve ter esta característica mesmo. Em estágios mais avançados de desenvolvimento, e no encontro de parceiros, as expectativas e a visão vão sendo adequadas ao que é possível fazer hoje, na realidade de seu negócio e, mais importante, em adequação aos seus objetivos estratégicos.

CAPÍTULO 23

BIG DATA

Estamos em um mundo em que informações são geradas a todo momento e em quase todos os lugares. Por meio de nossos *smartphones*, mesmo quando não estão em nossas mãos, estamos transmitindo informações sobre onde estamos, quem está em contato conosco e mais uma porção de dados de aplicativos rodando em segundo plano, que podem dar um panorama geral até mesmo de nossa saúde naquele momento. Há também toda uma nova geração de dispositivos inteligentes, desde vestíveis (como relógios, tênis) até aspiradores de pó, conectados à internet, enviando dados e, inclusive, trocando informações entre si. É ainda possível que tudo isso esteja sendo centralizado por uma assistente virtual, como a Alexa, cuja promessa é ser capaz de gerenciar esses dispositivos, tornando sua casa e sua vida mais inteligente, mais confortável.

Em toda essa enormidade de dados, é possível encontrar *insights* extremamente valiosos para os negócios criarem ofertas exclusivas para você, conforme seus interesses e seu estilo de vida. Há nesses dados muitas oportunidades para levar os consumidores a comprarem mais e estreitarem seus relacionamentos com suas marcas favoritas.

No entanto, *softwares* com abordagens tradicionais de análise de dados não estavam preparados para lidar com um volume tão grande de informações, geradas a todo instante, em tempo real, a partir de diferentes fontes. Para lidar com tal cenário, foi preciso que um novo corpo de conhecimentos, técnicas e aplicações surgisse de modo a lidar com esse grande volume de dados – o *big data*.

Vamos a um exemplo de como a disponibilidade de dados, hoje, abre novas oportunidades para as empresas explorarem e, com isso, aumentarem suas vantagens competitivas.

Imagine, inicialmente, um supermercado tradicional que utiliza um sistema ERP que permite armazenar dados sobre suas compras com fornecedores, estoques e vendas. Em relação a seus clientes, o conhecimento desse supermercado é limitado a registrar quando e quanto compraram. Além disso, de uma forma analógica, uma pessoa da área de segurança fica na porta do estabelecimento com um contador manual clicando cada vez que um cliente entra (esse dispositivo ainda é muito utilizado). Criando índices com esses dados, a gerência tem informações como o *ticket* médio, por exemplo – quanto em média cada cliente gastou em sua visita – e, supondo que poucas pessoas entrem e saem sem comprar nada, sabe também qual o tamanho médio do grupo de pessoas que, juntas, visitam o supermercado. Além disso, pelo seu ERP, pode avaliar itens mais vendidos, horários de pico e até a correlação entre itens mais vendidos e horários. Esses dados fornecem alguns *insights* e permitem que a equipe de gerência administre a loja com alguma eficiência, sempre mirando o consumidor médio em suas decisões, ou seja, um perfil genérico de como se comportam os clientes em sua loja.

Nesse mesmo cenário de supermercados, imagine agora um supermercado que, como fez atualmente o Extra, disponibiliza um aplicativo para que seus clientes possam, antes ou durante a visita à loja, acessarem seus perfis e marcarem quais produtos eles comprarão com desconto naquela visita. Quando o cliente passa no caixa, ele digita um número que o identifica e, então, os descontos são aplicados em sua compra. Além disso, nesse aplicativo, constam no cadastro dados demográficos, como idade, estado civil, se possui filhos, endereço, entre outros. Assim, o supermercado tem uma camada nova de dados sobre seus clientes e pode definir perfis mais completos e distintos sobre quem são. A partir da análise desses dados, é possível agora proporcionar ofertas exclusivas para grupos de clientes, notificá-los quando estiver perto de sua próxima visita e até mesmo direcionar o setor de compras do supermercado para adquirir itens de maior valor agregado que talvez seja do interesse de determinado perfil de cliente que visita o supermercado na sexta-feira à noite. Temos ainda, neste caso, um volume bastante adequado e estruturado para *softwares* tradicionais processarem, mesmo que os clientes dentro da loja estejam gerando informações em tempo real.

Agora, pense que esse supermercado adotou o *login* social em seu aplicativo, onde os clientes conectam suas contas de redes sociais e permitem que a empresa passe a acessar mais informações sobre eles, sabendo mais sobre suas preferências e conexões. Além disso, a rede desse supermercado comprou uma *startup*, que desenvolveu um aplicativo de descontos em restaurantes, integrando uma nova camada de dados sobre seus clientes e o público geral acerca do que e quando eles consomem em restaurantes. A gerência, então, passou a se interessar sobre como o trânsito afeta suas vendas e também como o clima ajuda a dimensionar qual deve ser o estoque de produtos de mercearia, para evitar perdas. E esse supermercado ainda instalou em suas lojas uma nova tecnologia integrada com câmeras, que analisam as pessoas andando por suas lojas, identificando padrões de comportamento e áreas quentes não aproveitadas no estabelecimento. Esse volume de dados passou a ser bem maior, mais variado e sendo gerado em tempo real. Agora, abordagens tradicionais não conseguem mais processar esses dados na velocidade que a gerência deseja, e seu time sabe que existem muitas oportunidades escondidas dentre esses dados. Por exemplo, em um sábado de chuva, sabe-se que determinado perfil de clientes não irá aos seus restaurantes favoritos e, por isso, vão procurar o supermercado para comprar itens como vinhos e massas. E talvez seja interessante acionar notificações para esses clientes, ainda no início da noite, sobre uma promoção exclusiva no aplicativo para massas frescas, que estão naquele momento sendo produzidas na cozinha do supermercado.

E isso é só o começo. O supermercado pensa em abolir as etiquetas de preço de papel e utilizar um novo modelo digital que, integrado ao sistema do aplicativo, reagirá de acordo com o perfil dos consumidores na loja naquele momento e gerará modelos de preços dinâmicos para otimizar as vendas. Esses dados vão se juntar a todas as camadas e, em tempo real, produzir *insights* para a gerência propiciar experiências únicas de consumo e fortalecer vínculos com os seus clientes, aprendendo cada vez mais sobre eles. Essas camadas sobrepostas de dados agora pedem um sistema capaz de lidar com esse grande volume de dados.

Esse exemplo nos mostra não só como é possível, hoje, ter fontes dados relevantes para o negócio, mas também a complexidade de se extrair *insights* valiosos delas. Por isso, o profissional de *data science* é, atualmente, tão requisitado no mercado. As empresas, cientes do grande volume de dados disponíveis, querem se apropriar dessas informações, de forma a utilizá-las para superar concorrentes antes que esses outros *players* o façam.

Big data, portanto, refere-se a esse grande volume, variedade e velocidade de dados disponíveis. Aplicações de *big data* devem ser capazes de coletar, armazenar, processar, descobrir/minerar conhecimento e, ainda, disponibilizar formas de analisar, interpretar e visualizar dados.[35] É importante verificar a veracidade de todos esses dados, para que os tomadores de decisão extraiam valor das análises possibilitadas. É comum referir-se a essas características como 5V do *big data*, que são: volume, variedade, velocidade, veracidade e valor.[35] A Figura 23.1 mostra a relação entre esses fatores.

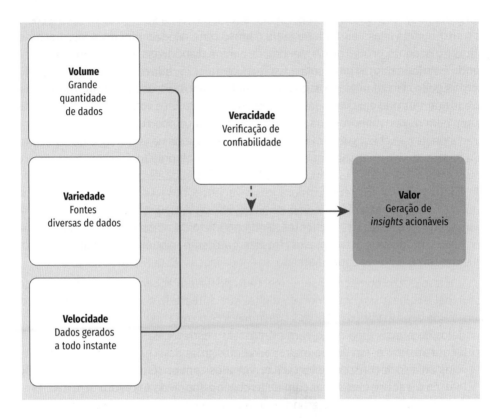

Figura 23.1 5V do *big data*.
Fonte: elaborada pelo autor.

As aplicações de *big data* devem ser capazes de lidar com dados não estruturados, de descobrir padrões ocultos nos mesmos, correlações, tendências e até mesmo desenvolver modelos gerados pelos dados (*data-driven*) que permitam realizar análises preditivas sobre o mercado, os clientes e os consumidores. Para tanto, são utilizadas técnicas como *data mining*, *machine learning* e *deep learning*,[36] capazes de interpretar dados de diferentes fontes e formatos, além de técnicas de distribuição de dados que viabilizem o processamento necessário para lidar com tal volume de dados sem gargalos. São utilizados nesse sentido aplicações como Hadoop, NoSQL, Hive e Tableau.[37]

Diversas indústrias estão extraindo valor desse grande volume de dados disponíveis,[38] seja na agricultura, utilizando drones e dispositivos que coletam dados sobre o solo e o ambiente; passando por governos que desejam saber sobre o comportamento dos cidadãos e a possibilidade de se antecipar a manifestações violentas; até redes varejistas utilizando os dados como no exemplo do supermercado aqui explorado. Certo é que o volume de dados disponíveis vai continuar aumentando (vamos explorar mais sobre isso no Capítulo 25, Internet das coisas). As empresas que criarem processos que as permitam agir hoje e, a partir de tais dados, estruturar uma base de dados sobre o amanhã são aquelas com maiores chances de conquistar os consumidores e reduzir a competividade de seus concorrentes.

Vamos ver como a MRV está utilizando grandes volumes de dados para o mapeamento e compra de terrenos.

MRV e o mapeamento de terrenos 360°

Para muitos corretores, existem três fatores importantes no mercado imobiliário: localização, localização e localização. Esta repetição proposital está relacionada com o fato de que, normalmente, as outras variáveis de uma construção são controláveis, mas a localização não. Isto é, você pode reformar uma casa, mas não pode mudar sua localização.

Por isso, a compra de terrenos é bastante estratégica para uma grande construtora. Assim, as equipes internas das áreas de TI e desenvolvimento imobiliário da MRV desenvolveram, em parceria com o GrupoMult, uma solução para fazer o mapeamento de terrenos disponíveis e considerar, a partir de um grande volume de dados, provenientes de fontes diferentes, quais são aqueles com maior potencial de retorno para a empresa, assim como o direcionamento de que tipo de construção pode ser feita naquele local.

A solução chamada MRV Terrenos, de uso interno, permite mapear: concorrentes com terrenos e novos produtos nas áreas de interesse; comércio existente naquele local, como padarias, farmácias e bancos; proximidade de empreendimentos como *shoppings* e galerias; viabilidade de utilização daquele terreno; e dados do IBGE que dão conta da densidade demográfica naquela área, assim como o perfil dos moradores e sua faixa de renda.

Todos esses dados transformados em *insights* permitem que os tomadores de decisão da empresa possam optar pelas mais assertivas na hora de comprar terrenos e planejar qual o tipo de empreendimento será feito e o público-alvo para o qual será direcionado. Assim, a construtora consegue otimizar seus recursos imobilizados, prever a demanda existente e, também, maximizar o possível retorno, já que tem mais informações para a tomada de decisão sobre o produto que irá oferecer em determinado mercado. É possível pensar que um concorrente da MRV que não tenha uma solução que garanta tal assertividade vai ficar com uma visão limitada sobre as possibilidades de compra de terreno e pode, inclusive, realizar compras com baixo potencial de retorno. O uso correto da ferramenta e o ajuste dos modelos utilizados pelos decisores podem, portanto, trazer vantagens competitivas de médio e longo prazos para a empresa.

A Figura 23.2 mostra o trecho do vídeo em que MRV e o GrupoMult contam sobre o desenvolvimento da solução.

Figura 23.2 Imagem do vídeo sobre o *desenvolvimento da solução*, disponível em: https://youtu.be/_IPluU0fy0g. Acesso em: 13 ago. 2020.

Fonte: MRV. *MRV utiliza Big Data para o monitoramento de terrenos*. Disponível em: https://www.mrv.com.br/institucional/pt/relacionamentos/releases/mrv-utiliza-big-data-parao-monitoramento-de-terrenos. Acesso em: 14 ago. 2020.

CAPÍTULO 24

CLOUD COMPUTING

Imagine que, no final do século passado, uma administradora de condomínios começou suas atividades com dois PCs sem conexão à internet e entre si, cada um com seu *software* de texto e planilhas eletrônicas. Sempre que as duas contadoras precisavam enviar arquivos uma para outra, elas gravavam o arquivo em um disquete e, de vez em quando, se atrapalhavam com o nome dos arquivos e na identificação de qual era sua última versão. As impressoras do escritório funcionavam e davam problemas com grande frequência, já que todos os relatórios dos clientes precisavam ser impressos e assinados.

Depois de alguns anos, essa administradora de condomínios passou a atender uma quantidade maior de clientes e já tinha mais três colaboradores, cada um em sua máquina. Na ocasião, todos contavam com internet discada em seus PCs e trocavam arquivos entre si, enviando *e-mails* uns aos outros. Dado o caos de *e-mails* trocados, resolveu-se implantar um *data center* local, um conjunto de *hardware* e *software*s que integravam os PCs do local e permitiam armazenar os arquivos de forma centralizada e organizada. Esse *data center*, no entanto, ocupava um espaço grande na sala da empresa, exigia uma temperatura difícil de conciliar com o ambiente de trabalho e uma manutenção especializada e cara. Além disso, no caso de algum problema, a empresa parava e era difícil conseguir acesso aos dados quando se estava, por exemplo, em uma visita ao cliente.

Alguns anos atrás, essa administradora de condomínios, já com duas dezenas de funcionários, contratou um pacote de serviços *on-line*, que oferecia ferramentas de textos e planilhas, além de um disco virtual com grande capacidade para centralizar seus arquivos em um servidor remoto, administrado pela empresa prestadora do serviço. Com essa solução de *cloud computing*, a empresa passou a ter seus dados sempre disponíveis e mais seguros a acidentes no local de trabalho. Quando necessita de mais armazenamento, tem apenas um pequeno acréscimo em sua mensalidade. Com o tempo, a empresa foi amadurecendo no uso desse pacote de serviços e passou a utilizá-lo para fazer chamadas com clientes, gerenciar seu fluxo de trabalho no estilo Kanban e, também, organizar a agenda dos colaboradores e visitas aos clientes. A própria empresa também passou a utilizar agora outros *softwares as service* para gestão de seu fluxo de caixa, assim como um sistema de pagamentos para seus fornecedores, mediante mensalidade com ótima relação de custo e benefício.

Recentemente, a empresa contratou um parceiro para desenvolver um *software* em que tanto o síndico tem acesso a todas as informações do condomínio quanto os moradores podem gerar seus boletos de pagamento e conferir os gastos efetivados. Esse *software* foi desenvolvido em uma plataforma otimizada que permite o acesso de qualquer lugar, estando 24/7 disponível para seus clientes. A administradora paga para a empresa que mantém o servidor remoto e a plataforma pelo volume de acessos, o que gera uma economia de manutenção e também dá tranquilidade para adicionar esse serviço valioso a seus clientes. A empresa pensa agora em uma nova versão do aplicativo desse *software* para seus clientes, de modo a oferecer mais comodidade ao acessar a plataforma.

Essa história mostra a evolução na forma de armazenar e trocar dados, utilizar *softwares* e desenvolver aplicações, de um cenário em que cada máquina era uma entidade isolada, passando depois a ser conectada localmente com as outras máquinas e, então, com a internet. Na sequência, a empresa passou a utilizar soluções de *cloud computing*, primeiramente para facilitar seu fluxo de trabalho e, mais tarde, para desenvolver soluções para seus clientes. Do primeiro ao último cenário, vimos a necessidade de lidar com um maior volume de dados e maior número de pontos de acesso ditando a busca por soluções mais eficientes e seguras. Se a empresa tivesse parado em algum dos estágios dessa evolução, possivelmente teria encontrado gargalos de crescimento, que limitariam não só sua capacidade de atender mais clientes, como também sua capacidade competitiva perante concorrentes mais ágeis. Agora, a empresa continuará tendo que se atualizar para continuar crescendo, seja automatizando seus processos com ajuda da inteligência artificial, criando um *marketplace* para conectar prestadores de serviços selecionados com seus clientes, seja expandindo seu negócio para adjacências como a administração de *shoppings*, que exigirá ainda mais formas de entregar valor a seus clientes.

Esse exemplo é importante para tangibilizar o conceito de *cloud computing*, que, pelo próprio termo "nuvem", por vezes, é tido como um termo amorfo e que as pessoas têm dificuldade de tangibilizar. Primeiro, uma curiosidade sobre o termo *cloud* (nuvem): ele começou a ser utilizado como uma metáfora útil para diagramas, que, em vez de mostrarem um emaranhado de conexões, retratavam simplesmente uma nuvem representando um agrupamento de pontos de conexão.[35]

Cap. 24 • Cloud computing

Em termos técnicos, *cloud computing* significa armazenar e compartilhar recursos de *hardware* e *software* em grande escala.[35] Em termos práticos, significa utilizar recursos de *hardware* e *software* de um terceiro prestador de serviços, de qualquer local conectado à internet.

Em geral, existem três tipos de serviços de *cloud computing* oferecidos por empresas como Google, Amazon e Microsoft: infraestrutura (*infrastructure-as-service*), que envolve a oferta de recursos compartilhados – tais como armazenamento e processamento, em um modelo de pagamento pelo uso; plataforma (*platform-as-a-service*), que suporta o desenvolvimento de aplicações para internet; e *software* (*software-as-a-service*), que oferece uma aplicação que não precisa ser instalada na máquina do usuário.[35] A Figura 24.1 mostra como as camadas desses três tipos de serviços se empilham (*stack*) até o usuário final.

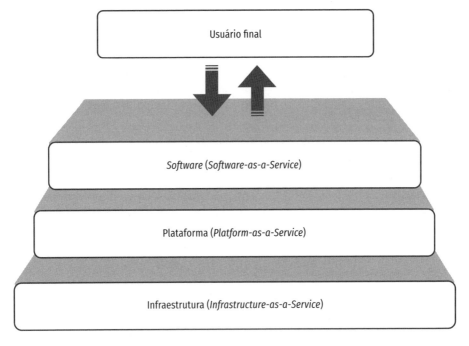

Figura 24.1 Tipos de serviços de *cloud computing*.
Fonte: elaborada pelo autor.

Vamos dar um exemplo do valor do *cloud computing* no caso do armazenamento na nuvem. Imagine que você pode comprar um *hard drive* (HD) de 120 GB por cerca de R$ 100. Para manter o conteúdo desse HD disponível para acessá-lo onde quer que esteja conectado à internet, você terá que criar um protocolo de transferência (FTP) e conectá-lo a sua rede de internet, que terá que estar sempre disponível (gastando eletricidade, inclusive) para poder acessá-lo. Além disso, há o risco de esse disco cair e ser danificado, perdendo os arquivos que lá estão, e também terá que se preocupar com a segurança contra invasões e roubo de seus dados. Em um serviço como o Google Drive, você paga R$ 6,90 por 100 GB de espaço de armazenamento, que também estará disponível para ser acessado em qualquer dispositivo com internet. Você está, portanto, alugando um espaço do equipamento que pertence ao Google e, também, pagando por serviços de atualizações de segurança, eletricidade, manutenção, entre outros, além de não ter que possuir nenhum conhecimento sobre como criar espaços de armazenamento.

Os prestadores de serviço *cloud* – tais como Google Cloud, Microsoft Azure e Amazon Web Services – oferecem não somente disponibilidade, armazenamento e maior segurança (física e virtual), como amplo poder de processamento de dados, que antes seria muito dispendioso localmente. Serviços de *cloud computing* são utilizados por consumidores finais, que pagam, por exemplo, o iCloud da Apple para armazenar suas fotos e vídeos do seu iPhone, como também por empresas, que utilizam esses recursos para suas operações ou ainda para oferecer soluções aos seus clientes, empilhando assim um serviço de *cloud* sobre o outro (empilhamento conhecido como *stack*). No caso de empresa, essas podem utilizar soluções de *cloud* privadas ou híbridas, onde elas vão manter total ou parcialmente os *hardwares* e *softwares* necessários para a disponibilização de soluções acessíveis de qualquer dispositivo.

Vamos ver como a TOTVS oferta no mercado de saúde um produto que quer levar as clínicas e consultórios no caminho da transformação digital.

Eleve Saúde e o consultório nas nuvens

É possível que você já tenha ido a um consultório médico ou clínica médica e se deparado com um grande armário de arquivos de prontuário dos pacientes, em que a recepção busca pelo seu nome em grandes gavetas de metal e depois repassa sua pasta ao médico, que irá acrescer, após sua visita, uma atualização de seu estado de saúde. Além disso, o médico pode também prescrever uma receita com uma letra, por vezes, de difícil compreensão, que depois será traduzida pela farmacêutica. E, na saída, ainda é provável que a recepção marque sua próxima consulta em uma agenda, utilizando um lápis, para o caso de você depois desmarcar.

Cap. 24 • Cloud computing

A TOTVS esteve atenta a essa realidade em que muitos consultórios e clínicas médicas ainda atuam de maneira analógica em vários de seus processos e, mesmo quando possuem computadores, estão frequentemente rodando *software*s instalados nas máquinas, correndo grande risco de perda de arquivos dos pacientes.

Com o intuito de contribuir para a digitalização desses negócios, a TOTVS desenvolveu o Eleve Saúde, que é uma solução que une: recursos de gestão, como agendamento e indicadores de atendimentos; receituário digital, com uma base atualizada de medicamentos e inclusive busca pelo preço mais barato em farmácias da região; e prontuário digital, para acompanhamento do histórico do paciente.

O interessante dessa oferta da TOTVS é ajudar negócios que ainda não estão na direção da transformação digital a iniciar pela digitalização dos seus processos feitos de forma ineficiente e/ou analógica. É uma solução na nuvem, que permite ao gestor ou médico administrar a clínica ou consultório de qualquer lugar em dispositivos conectados à internet. Há, assim, um ganho de eficiência, principalmente de segurança no armazenamento dos dados.

A Figura 24.2 mostra um trecho do vídeo promocional do Eleve Saúde em que é exibida uma tela da solução aplicada à oftalmologia.

Figura 24.2 Imagem do vídeo promocional do *Eleve Saúde*, disponível em: https://youtu.be/SAc2u57zRWk. Acesso em: 14 ago. 2020.

Fonte: ELEVE SAÚDE. *O melhor e mais completo software médico do Brasil*. Disponível em: https://elevesaude.com.br/. Acesso em: 14 ago. 2020.

CAPÍTULO 25

INTERNET DAS COISAS

O campo já foi considerado um espaço de baixa tecnologia, mas, hoje, trata-se de um setor em plena transformação para um modelo de trabalho inteligente e de precisão. Na agricultura, atualmente, já são utilizados dispositivos que monitoram todas as condições climáticas, ajustando as intervenções a serem feitas no cultivo, assim como sensores que verificam a umidade do solo. Em conjunto com atuadores (dispositivos que convertem energia elétrica em movimento mecânico) e um sistema integrado de dados, é possível automatizar grande parte dos trabalhos de irrigação e até mesmo de controle de pragas. Hoje, *drones* são grandes aliados da agricultura, à medida que podem fazer intervenções mais rápidas e precisas na aplicação de pesticidas. Há, ainda, toda uma gama de soluções desde o reconhecimento de padrões até a colheita por robôs, que irá transformar radicalmente a imagem que já se fez do campo.

Todas as possibilidades mencionadas para a agricultura são parte da revolução da internet das coisas (IoT), que se refere ao conjunto de objetos que podem ser conectados a outros objetos por meio da internet (um conceito mais amplo pode incluir redes locais), compartilhando dados que visam gerar informações para a tomada de decisão ou decisão automatizada.[35] A grande expectativa em torno da IoT é que esses dispositivos tornem a vida do ser humano mais confortável, mais segura, elimine tarefas operacionais e repetitivas, elimine – em um primeiro momento – a necessidade de tomada de decisões baseadas em regras, entre outras possibilidades que tornem as decisões e ações sobre o ambiente mais ágeis.

A IoT vem sendo aplicada nas mais diversas áreas, além da agricultura,[35] como:

- ✓ Cidades inteligentes (*smart cities*): monitoramento do trânsito e alterações de sinalização dinâmicas, qualidade do ar e de ruídos, gestão de frotas de transporte público, segurança.
- ✓ Casa inteligente (*smart home*): automação de iluminação e criação de ambientes, reposição de itens de consumo, assistência ao usuário e sua rotina, monitoramento remoto, fechaduras inteligentes.

- ✓ Veículos: desde aspectos de otimização de combustíveis, monitoramento da pressão de pneus, passando por monitoramento de geolocalização e definição de melhores rotas, até os veículos autodirigíveis.
- ✓ Saúde: monitoramento de pressão, identificação de arritmias, medição de níveis de glicose, intervenções para lidar com crises do pânico e ansiedade, monitoramento de crises de asma, detecção de quedas e acidentes.
- ✓ Indústria (industrial IoT): movimentação de insumos e estoques por *drones*, monitoramento de áreas de alta periculosidade, robôs autônomos, identificação de comportamentos de risco à segurança do trabalho, manutenção de maquinário.

Estas são apenas algumas das aplicações emergentes da IoT, mas é possível afirmar que tecnologias de objetos conectados à rede estarão presentes em todos os setores de atividade e na nossa vida cotidiana.

A Figura 25.1 apresenta um esquema simplificado de um sistema IoT.

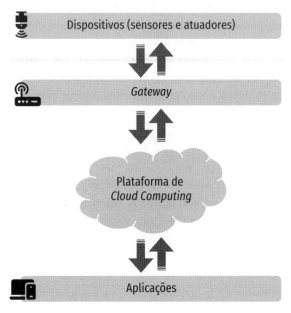

Figura 25.1 Sistema IoT simplificado.
Fonte: elaborada pelo autor.

Vamos explorar este esquema com um exemplo que retrata o caso do cultivo. Apesar de uma estufa ter vários sensores que medem luminosidade, temperatura, concentração de CO_2 etc., vamos focar no sistema de medição da umidade. Os dis-

Cap. 25 • Internet das coisas

positivos sensores de umidade se conectam à rede por meio de cabeamento, 4G ou *wi-fi*, que representa o *gateway*, onde essas informações são então processadas. Em aplicações mais modernas, esse processamento se dá em uma solução na nuvem, para que essas informações possam ser acessadas por quaisquer dispositivos. Se o sistema de sensores estiver integrado ao sistema de atuadores – por exemplo, o sistema de umidificação –, a solução pode estabelecer regras para que a bomba seja ativada em determinada condição e/ou dar ao usuário a oportunidade de decidir quando fazê-lo.

Em aplicações que exigem a tomada de decisão em tempo real, como no caso de veículos autodirigíveis, é preciso que se utilize o *edge computing*, isto é, quando o processamento de informações e análises acontece no próprio dispositivo, podendo as informações ser enviadas para a nuvem para armazenamento em uma base de dados e melhoria contínua.

Em geral, é muito comum que se utilize o termo IoT em conjunto com a característica de ser uma tecnologia inteligente. Em geral, por tecnologia inteligente se entende tecnologias que tenham algum nível de autonomia na tomada de decisões, o que nem sempre é o caso da IoT, que pode estar se referindo a um dispositivo de monitoramento que fornece informações para uma tomada de decisão humana. No entanto, atendendo ao propósito de automatizar tarefas realizadas, com maior eficiência e menor esforço, a tendência é que os dispositivos paulatinamente incorporem sistemas de inteligência artificial, que será abordada com maior profundidade no Capítulo 28. Como visto no esquema da Figura 25.1, a IoT também se entrelaça com o *cloud computing*, com o *mobile* e, também, com a robótica. Por isso, essa é uma tecnologia que abarca e integra as demais tecnologias, tendo um grande potencial de encontrar seus melhores usos a partir da exploração do melhor de cada uma das tecnologias que integram seu sistema.

Vamos ver como a Intelbras desenvolveu um alto-falante inteligente que utiliza o poder da Alexa, da Amazon.

IZI Speak! e o poder do comando de voz

Alexa, Siri, Google Assistente e Cortana são os principais assistentes virtuais que competem para tomar o posto de seu assistente pessoal e facilitar sua vida. Muitos apostam que a nova interface dominante em dispositivos eletrônicos será a interface de voz. Isso quer dizer, nada de clicar, arrastar e digitar, mas simplesmente falar de forma natural sobre o que você deseja. Sei que muitos de nós tivemos experiências terríveis com comandos de voz no passado, mas, se você ainda não experimentou os assistentes atuais, vai se surpreender com a capacidade de compreender sua fala e dar respostas pertinentes a seus comandos.

Dentre os dispositivos que se destacaram em utilizar a interface de comando de voz, estão os alto-falantes inteligentes (*smart speakers*). Esse mercado é dominado por produtos dos próprios desenvolvedores das assistentes, que são Amazon Echo e Google Home. A promessa é que esses dispositivos se integrem também ao seu *smarthphone* e que os seus comandos possam ser respondidos, e também integrados, a dispositivos de casa inteligente (*smart home*). Já vimos neste livro, no Capítulo 21, como a Lennar, construtora norte-americana, já entrega casas com vários objetos integrados à Alexa, tais como cortinas, luzes, televisão.

E é exatamente mirando o mercado de casa inteligente que aposta a Intelbras, empresa brasileira de soluções em segurança, redes, comunicação e energia. A empresa lançou o IZI Speak!, um alto-falante que utiliza a Alexa como sistema de assistente virtual. Esse é um aspecto interessante que vem, inclusive, destacando a Alexa, o de permitir que mais empresas entrem com facilidade no seu ecossistema com dispositivos integrados e, também, criando *skills* que orientam a assistente a executar novas funções.

A Intelbras, que já comercializa uma série de produtos com potencial para fazer parte de uma solução completa de casa inteligente, tais como fechaduras, controladores de acesso, câmeras, interfonia, lâmpadas e interruptores inteligentes, certamente está entrando nesse mercado visando criar um ecossistema de produtos que, se integráveis, possam ter como controlador central o IZI Speak! com a Alexa integrada. Enquanto a empresa pode ter dificuldades de competir inicialmente com *smart speakers* mais famosos, sua capilaridade e conjunto de soluções podem formar um conjunto atraente para levar inovação na maneira de morar para os brasileiros.

Figura 25.2 Imagem do vídeo promocional do *IZI Speak!*, disponível em: https://youtu.be/8erMItttyCY. Acesso em: 17 ago. 2020.

Fonte: INTELBRAS. *Smart speaker IZY Speak!* Disponível em: https://www.intelbras.com/pt-br/smart-speaker-izy-speak. Acesso em: 17 ago. 2020.

CAPÍTULO 26

REALIDADE ESTENDIDA

Realidade estendida (XR) é um termo guarda-chuva que abarca a realidade aumentada, realidade mista e realidade virtual. Embora existam características que definam bem em qual das três realidades determinada experiência se enquadra, este termo tem sido bem aceito para se referir ao conjunto delas.

Realidade aumentada (AR) constitui a superposição de objetos virtuais e informações no mundo real.[39] O objetivo dessa experiência é ampliar o que existe no mundo real com uma camada adicional de elementos que adicionem valor ao contexto em que estão. Esses elementos adicionados no mundo real são normalmente posicionados de acordo com a percepção sensorial do mundo tridimensional, de modo a posicionar tais elementos de maneira integrada. A AR tem sido impulsionada por *kits* de desenvolvimento da Apple e do Google, que buscam ampliar a utilização dos recursos de realidade aumentada nos aplicativos para iOS e Android, respectivamente. A AR foi adotada em massa pelo fenômeno do jogo Pokémon Go, em que personagens eram posicionados no mundo real a partir da tela do *smartphone*. Este fenômeno mostrou a grande potencialidade da tecnologia quando implementada adequadamente e aumentou o interesse por ela. Em geral, a AR tem sido implementada em aplicativos de *smartphone* e óculos de realidade aumentada.

Realidade virtual (VR) trata-se da imersão completa do usuário em um mundo virtual tridimensional.[39] Normalmente implementada em óculos de realidade virtual, enquanto há um completo bloqueio da visão do usuário do mundo real, sua visão e audição passam a receber estímulos desse novo contexto tridimensional. A realidade virtual recebeu grande atenção com a possibilidade de se utilizar os próprios *smartphones* para simular ambientes virtuais, notadamente com a iniciativa do Google em ofertar, a preço acessível, o Google Cardboard, uma construção em papelão para encaixe do *smartphone*. Além disso, houve um grande interesse na indústria em produzir dispositivos voltados para a realidade virtual, como Oculus Rift e Oculus Quest.

Realidade mista (MR) se refere a uma experiência que mistura o ambiente e objetos reais com objetos virtuais.[39] Dessa forma, o objeto virtual pode, por exemplo, ser arremessado no ambiente e interagir com os obstáculos, inclusive se escondendo por trás deles. A Microsoft tem sido grande entusiasta da MR com o HoloLens, seus óculos de realidade mista, que tem sido amplamente utilizado na indústria e na área de saúde.

A Figura 26.1 mostra uma representação que distingue as realidades virtuais, mistas e aumentadas.

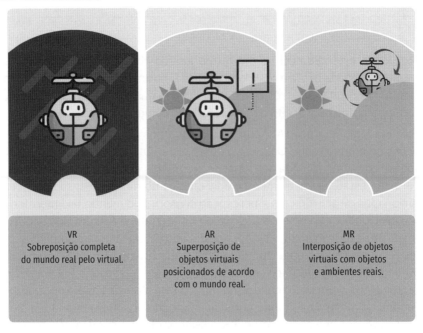

Figura 26.1 VR, AR e MR.
Fonte: elaborada pelo autor.

Quando se fala em realidade estendida, naturalmente vêm à mente a indústria do entretenimento e a possibilidade de produzir novas experiências aos consumidores finais. No entanto, pode-se dizer que as aplicações de AR, VR e MR têm encontrado seu lugar em várias outras áreas, como mostrado a seguir:[39]

- ✓ Saúde: diagnóstico por imagem em tempo real, procedimentos cirúrgicos auxiliados, treinamento e simulação de procedimentos invasivos, ensino de medicina, apresentação de procedimentos a pacientes.

Cap. 26 • Realidade estendida **163**

✓ Militar: treinamento para situações extremas e de combate, identificação de ameaças em tempo real, assistência na visualização de alvos.

✓ Serviços de emergência: aumento na capacidade de resolver situações de urgência com identificação de obstáculos e ameaças em tempo real, treinamento para situações extremas, com menores custos e baixo risco envolvido.

✓ Engenharia: pré-visualização de protótipos em tamanho real, dimensionamento em escala de maquinário ou arranjo fabril para verificação de viabilidade e identificação de problemas.

✓ Manufatura: treinamento de funcionários para execução de tarefas, execução de serviços de manutenção guiados por solução instrucional, diagnóstico visual em tempo real de medições de temperatura e ruído de maquinário.

✓ Educação: imersão em ambientes para ensino, compartilhamento de experiências, demonstração fidedigna, instrução autoguiada sem necessidade de pessoal alocado para tal função, atualização de conhecimentos em escala sem a necessidade de treinar previamente um time de campo para repassar conhecimentos.

✓ Marketing: ativação em pontos de venda, embalagens e produtos interativos, ações promocionais que proporcionem experiências únicas, desenvolvimento de material com grande probabilidade de viralização.

Essas são algumas das possibilidades em que a realidade estendida é aplicada e seu uso vem sendo expandido todos os dias com novos aproveitamentos.

Vamos ver como a rede de hotéis Hilton tem utilizado a realidade virtual para aumentar a eficiência do treinamento de seus colaboradores.

Hilton, praticando empatia em uma realidade virtual

O Hilton possui uma rede de mais de 6.000 hotéis, em 119 países diferentes. Isso torna a tarefa de treinar funcionários bastante desafiadora. Uma simples atualização de um protocolo de atendimento ou item de verificação nos quartos dos hóspedes pode exigir um grande esforço para que a comunicação chegue, sem ruídos, a todas as equipes em cada um dos hotéis. Além disso, a rede preza pelo ótimo atendimento ao cliente e nem sempre é fácil simular situações em que o colaborador precisa demonstrar empatia, corrigindo-os quando ocorre um pouco de discrepância com a experiência que o hotel deseja proporcionar.

A rede, que já experimenta soluções de realidade virtual e ambientes digitalizados em 360° de quartos e dependências de alguns de seus hotéis mais requisitados, resolveu expandir a aplicação do uso da tecnologia para o treinamento de funcionários. Uma nota importante: no universo de realidade estendida, as aplicações instrucionais dessa tecnologia são aquelas que mais têm se destacado entre a adoção empresarial para redução de custos e eficiência de suas operações.

Em parceria com a empresa SweetRush, especialista em treinamentos em realidades virtuais, a rede Hilton criou um ambiente virtual de um hotel em que seus times podem ser treinados sobre como atender bem aos clientes, resolver situações problemas e até mesmo lidar com situações extremas. Embora cada óculos de realidade virtual não seja barato nem a construção do ambiente virtual em si, além das missões dentro desse ambiente, o ganho de escala compensa bastante.

Em geral, a rede conta com consultores seniores que viajam entre os hotéis treinando o pessoal, o que, por si só, não é barato, dado o tamanho da rede, mas que tem como gargalo o tempo em que determinado treinamento leva para chegar em cada um de seus colaboradores. Com os óculos de realidade virtual, a rede pode ter um ou mais dispositivos em cada uma de suas unidades, e assim que um novo treinamento é desenvolvido, ele pode facilmente ser utilizado por todos os hotéis da rede imediatamente.

A Figura 26.2 mostra um trecho do vídeo que apresenta o treinamento em realidade virtual do Hilton para sua equipe.

Figura 26.2 Imagem do vídeo que apresenta o treinamento com *VR da rede Hilton*, disponível em: https://youtu.be/8lq_38T_3eg. Acesso em: 19 ago. 2020.

Fonte: TECH@FACEBOOK. *A new perspective on hospitality: How Hilton uses VR to teach empathy*. Disponível em: https://tech.fb.com/a-new-perspective-on-hospitality-how-hilton-uses-vr-to-teach-empathy/. Acesso em: 19 ago. 2020.

CAPÍTULO 27

IMPRESSÃO 3D

Impressão 3D consiste em uma técnica de fabricação de objetos tridimensionais a partir de um processo produtivo que adiciona camadas sobre camadas. Embora o termo impressão 3D seja amplamente utilizado pela mídia, representando a forma pela qual os consumidores e entusiastas se referem a esse processo, no campo industrial, esta técnica é comumente chamada de manufatura aditiva ou fabricação aditiva (em inglês, *addictive manufacturing*).[40]

Foram adotantes iniciais desta tecnologia as indústrias de aviação, que viram uma oportunidade para reduzir o peso de algumas partes de suas aeronaves (um avião menos pesado significa menos combustível gasto em viagens ou mais suporte para cargas); e a área médica, onde logo se percebeu a possibilidade de fabricação de implantes personalizados, seja para membros, dentição ou aparelhos auriculares[41].

Existem diferentes métodos de impressão 3D, que variam na forma como as camadas são criadas – pela fusão de materiais, pela solidificação de resinas (estereolitografia) ou pela sinterização (cria camadas a partir de materiais granulados) – como também nos materiais utilizados, desde polímeros, metais, até cerâmicas.[40]

A impressão 3D ganhou bastante interesse do público em geral à medida que começaram a surgir equipamentos de baixo custo, para utilização em casa ou escritórios. Como essas impressoras 3D estão ficando cada vez mais baratas, seu uso não comercial tornar-se-á mais comum.

Ao mesmo tempo, ocorreu um crescente entusiasmo pela impressão 3D, movimento que ficou caracterizado como cultura *maker*, onde as pessoas veem valor em construir seus próprios equipamentos, dispositivos eletrônicos, utilidades domésticas, entre outros. Esse cenário da cultura *maker* também adentrou as fronteiras das empresas, com uma grande quantidade de *fab labs* sendo implantados nas organizações ou espaços terceirizados com estas características sendo utilizados por times empresariais.

Os *fab labs* são espaços que dispõem de equipamentos de fabricação digital, como impressoras 3D, mas também *softwares* de prototipação, cortadoras a *laser*, *kits* didáticos com *chips* para fácil prototipação (por exemplo, Arduino), entre outros. As empresas passaram a se valer desses ambientes para geração de novas ideias, criatividade e prototipagem. A possibilidade de iniciar um *workshop* para geração de novas ideias e terminá-lo com um protótipo impresso em 3D que tangibiliza a criação do grupo tem um grande valor para que as pessoas possam acreditar no poder da inovação nos negócios.

A Figura 27.1 mostra os passos básicos para a impressão de um protótipo 3D.

Figura 27.1 Passos básicos para a impressão 3D.
Fonte: elaborada pelo autor.

A impressão 3D, inclusive, tem um papel muito importante na prototipagem em empresas não somente dentro de atividades para geração de ideias, mas para a validação real de um produto em fase de desenvolvimento. Com custos muito mais baixos do que o desenvolvimento do produto pelo processo de fabricação usual da empresa, a impressão 3D possibilita tangibilizar modelos virtuais e, assim, verificar sua usabilidade, encaixe com outras peças ou até mesmo aceitação no mercado.

Com o custo das impressoras e insumos de impressão sendo reduzidos, as empresas também passaram a utilizar a impressão 3D para fabricação de produtos a serem comercializados junto ao cliente final, em uma escala considerável. Isso tem um maior potencial quando enquadrado dentro de uma lógica de produção personalizada, em que o cliente pode fazer alterações em um projeto, de acordo com suas necessidades, e a fábrica pode atendê-lo já que não precisa mudar a linha de produção para uma alteração específica.

Diversas indústrias têm utilizado a impressão 3D de diferentes formas. Vamos ver alguns exemplos interessantes:[40]

- ✓ Saúde: próteses, impressão de órgãos que repliquem o tecido humano.
- ✓ Transporte: peças de reposição, prototipação de carros-conceito, customização de veículos, serviços de impressão de peças para carros fora de

linha, concepção de transportes alternativos, como bicicletas com alta resistência e de baixo custo.

✓ Manufatura: prototipação para vários propósitos, reposição de peças para manutenção emergencial de maquinário.

✓ Aviação: desenvolvimento de materiais mais leves para redução do peso das aeronaves.

✓ Arte e *design*: roupas e acessórios, instalações artísticas, arquivos para impressão por entusiastas.

✓ Arquitetura e engenharia civil: impressão de casas, habitações para locais inóspitos.

Essas são algumas das aplicações, mas a lista talvez apenas arranhe a superfície de tudo que é possível com a impressão 3D.

Vamos ver agora como a Faber-Castell está utilizando o conceito de aprendizagem criativa para desenvolver um novo modelo de negócios e uma nova experiência para seus consumidores, fortalecendo o relacionamento com a marca.

Um castelo *maker*, com a Faber-Castell

Existe no marketing um conceito interessante chamado Miopia de Marketing, criado por Theodore Levitt, cuja ideia é que as empresas não fiquem focadas em seus produtos, mas nas necessidades dos clientes. A Faber-Castell tem uma gama de produtos, tais como canetinhas, lápis de cor e cadernos, mas a experiência final que a empresa entrega para seu público infantil é a possibilidade de despertar a imaginação e a criatividade. A necessidade desse cliente é conseguir se expressar de maneira criativa, uma forma de alcançar um estado de realização pessoal.

Assim, com um raciocínio que não é míope acerca de sua atuação, a Faber-Castell começou a buscar novas formas de entregar valor e experiências ricas para os seus clientes, de modo a propiciar imersões que aflorem a criatividade. Esse pensamento está em consonância com um mundo em que as tarefas repetitivas vão sendo substituídas por robôs, e cujo valor do ser humano reside em características como criatividade, emoções e pensamento crítico.

Nesse sentido, a empresa criou o Espaço Faber-Castell de Criatividade e Inovação, um *fab lab* com mesas colaborativas, estantes repletas de materiais lúdicos, impressora 3D e cortadora a *laser* para prototipação. A metodologia de aprendizagem utilizada no espaço, baseada em *storytelling* e *design thinking* e Prototipagem, foi desenvolvida juntamente com o MIT.

Algo que surpreendeu o time da Faber-Castell foi o fato de que, depois de algum tempo, embora o espaço tenha sido inicialmente focado no público infantil, várias empresas começaram a procurar o espaço para rodarem *workshop*s e sessões generativas, utilizando a impressão 3D como ferramenta para a criação de protótipos, visando acelerar a inovação dentro do negócio. A realidade é que adultos vão tendo seu potencial criativo minado ao longo de sua vida acadêmica, em que as aulas que estimulam esse aspecto vão desaparecendo do currículo, e também de sua vida profissional. Na maioria das profissões, a criatividade se esconde por trás de uma rotina burocrática. Assim, o espaço da Faber-Castell foi considerado pelas empresas como um ambiente propício para fomentar a imaginação e o lado *maker* de seus profissionais, o que é bastante necessário para que a empresa conduza iniciativas como a transformação digital.

Se a empresa conseguir expandir sua atuação nesse mercado de experiências ricas, certamente vai se posicionar muito bem como uma marca associada à criatividade para todas as idades, algo que a 3M, por exemplo, fez muito bem quando abraçou os conceitos do *design thinking* com sua marca Post-It.

A Figura 27.2 mostra o Espaço Faber-Castell de Criatividade e Inovação em um trecho do vídeo que conta um pouco sobre os resultados alcançados para a marca.

Figura 27.2 Imagem do vídeo que apresenta o *Espaço Faber-Castell de Criatividade e Inovação*, disponível em: https://youtu.be/69OieJXJajA. Acesso em: 21 ago. 2020.

Fonte: FABER-CASTELL. *Espaço Faber-Castell de Criatividade e Inovação*. Disponível em: http://espaco.faber-castell.com.br/. Acesso em: 15 jul. 2020.

CAPÍTULO 28

INTELIGÊNCIA ARTIFICIAL

De maneira simples, inteligência artificial pode ser definida como a inteligência apresentada por máquinas, em contraste com a inteligência natural de seres humanos e outros animais. Bom, essa pelo menos é uma definição que satisfaz a porção sintética do conceito, mas não contribui muito na compreensão do que é a inteligência.

Por muito tempo, a inteligência humana foi vista como uma única capacidade normalmente relacionada com a realização de cálculos ou a memorização de um grande número de informações. No entanto, uma visão mais moderna da inteligência reconhece a existência de múltiplas inteligências. Uma máquina pode demonstrar a capacidade de simular ou mimetizar uma ou mais dessas inteligências, com maior ou menor potencial de simulação.

Existe, no entanto, um componente criativo em cada uma dessas inteligências, que pode contribuir para uma discussão em relação ao quanto uma máquina pode ser criativa no sentido humano do termo. Há também um componente consciente, relacionado com nossa capacidade de nos reconhecermos como seres e refletirmos sobre nossa própria existência. Nesse caso, existe o pensamento de que talvez uma máquina nunca será consciente, mas, em contrapartida, exceto pela nossa própria consciência, não podemos garantir que, de fato, exista consciência em mais ninguém e em nenhum objeto com o qual nos relacionamos.

Essa é, na verdade, uma discussão que se amplia do campo da engenharia e da robótica até o campo da filosofia, sendo bem possível que o avanço dos sistemas ditos inteligentes irá cada vez mais desafiar suposições e pensamentos sobre o tema.

É possível seguir a via de pensar em termos de agentes racionais, aqueles que podem perceber o ambiente em que estão localizados e agir sobre esse ambiente. Um agente racional é aquele que faz a coisa certa. Claro, entramos aqui em outro problema fundamental: o que é, de fato, a coisa certa? A desejabilidade de determinada ação precisa, em princípio, ser observada a partir de uma medida de sucesso. Uma vez que há uma medida de sucesso, é possível classificar o quão perto de maximizar sua ação o agente esteve. Por exemplo, se temos um ambiente sujo de forma difusa, espera-se que um robô aspirador consiga limpar tal ambiente fazendo a coisa certa, de forma eficaz. Além disso, deseja-se que o robô seja inteligente a ponto de fazer isso de uma forma menos dispendiosa. Portanto, se um aspirador andar aleatoriamente enquanto limpa seu caminho, prevê-se que ele demorará mais para fazer a limpeza do que um robô mais eficiente, que consiga perceber a sujeira no ambiente e se concentrar em realizar a tarefa.

Quanto mais estreita é a tarefa que o agente racional precisa realizar, mais fácil para avaliar os resultados de sua ação. No entanto, quando se pensa em um veículo autônomo, podemos levantar dilemas éticos quando acidentes inevitáveis acontecem. Nesse caso, quando as escolhas podem ter consequências negativas, quaisquer que sejam os cursos de ação, é muito mais difícil dizer se o agente tomou a decisão certa. Nesse sentido, para mim, é fascinante pensar como o avanço da inteligência artificial traz um crescente interesse em filosofia. Desse modo, a não ser que alcancemos o desenvolvimento de uma superinteligência artificial que supere a capacidade humana (e que talvez consiga se libertar de qualquer amarra de seu código), as decisões éticas e morais – logo, a noção do que é bom e ruim, certo e errado – ainda são resultado da ação humana no seu desenvolvimento.

Por falar em superinteligência artificial, este seria um último estágio em que máquinas superariam a capacidade intelectual humana. No entanto, antes dele, têm-se dois estágios mais importantes para nossa discussão prática sobre transformação digital. O primeiro é a inteligência artificial estreita (também chamada de focada ou fraca), aquela que consegue realizar uma única função ou um único escopo de atividade. Por exemplo, o Deep Blue, máquina que derrotou o enxadrista Kasparov, mostrou-se excelente em jogar xadrez, mas totalmente incapaz de realizar a previsão do tempo. O segundo deles é a inteligência artificial generalista (ou forte), que seria capaz de realizar diferentes funções, não tendo sido concebida para realizar nenhuma específica. Esta inteligência se aproximaria muito da capacidade racional de um ser humano.

Focando aqui nos tipos e aplicações mais destacados e discutidos, é possível dividir o tema de inteligência artificial entre métodos, tarefas e habilidades.

Os métodos (ou algoritmos) estão relacionados com a forma tanto como a inteligência artificial foi desenvolvida quanto como ela ainda irá aprender. Os sistemas especialistas foram uma das primeiras formas a ganhar notoriedade, em que todas as regras de decisão são explicitamente codificadas, como em uma base dados com correspondências do tipo se/então. O método de aprendizado de máquina (*machine learning*) – frequentemente, empregado como sinônimo de inteligência artificial, mas que, na verdade, compreende um método de análise amplamente utilizado para sua realização – consiste no treino da máquina para que ela aprenda determinadas regras, sem uma codificação explícita de como agir. Um método avançado de aprendizado de máquina é o *deep learning*, que consegue ganhar escala sobre o volume de dados com o qual foi alimentado, fazendo conexões entre os dados e replicando as redes neurais formadas em nossos cérebros.

De maneira geral, as tarefas que uma inteligência artificial vai buscar realizar estão relacionadas com os sentidos e as ações de agentes humanos.[42] A visão computacional permite que a máquina consiga identificar e categorizar elementos que aparecem em imagens e vídeos, gravados ou em tempo real, permitindo a identificação de elementos de forma automática. A habilidade de "fala", por exemplo, está relacionada com a capacidade de identificar diferentes vozes e atribuir a cada uma delas um agente específico, e também com a tarefa de transformar uma fala em texto e vice-versa, podendo, inclusive, sintetizar vozes aprendidas. O processamento de linguagem natural (*natural language processing*) enfrenta o desafio de extrair sentido de textos e falas, visando à compreensão de determinado discurso dentro de seu contexto. Além disso, é também utilizado para a elaboração de textos coerentes, que consigam dar sentido a um discurso a partir de dados. Tem-se também a tarefa de executar planejamento e tomada de decisão, isto é, dar autonomia à máquina para desenvolver capacidade de análise capaz de tomar decisões ou planejar um curso de ações a partir de informações alimentadas pelo ambiente.

Os métodos e habilidades vão permitir que as máquinas dotadas de inteligência artificial executem tarefas em diferentes contextos, reduzindo a necessidade do uso de recursos humanos para tal, permitindo a automação e aumentando a eficiência. Seguem campos relevantes de aplicação da inteligência artificial, com exemplos de áreas com grande interesse atual:[43]

- ✓ Saúde: identificação preventiva de doenças, análise de exames de imagem, realização e apoio de procedimentos cirúrgicos, cálculo de risco envolvido em tratamentos e procedimentos, concepção de novos tratamentos e medicamentos.
- ✓ Automobilística: veículos com diferentes níveis de autonomia, fabricação e distribuição.
- ✓ Finanças: sistemas para aplicação em ações, previsão de índices.
- ✓ Vigilância: identificação de comportamentos suspeitos, identificação de pessoas.
- ✓ Mídia social: identificação de movimentos sociais com potencial violento a partir da movimentação *on-line*, análise de sentimentos de publicações, identificação de conteúdo e comportamentos inadequados.

✓ Alimentos: produção de novos alimentos que utilizam recursos com maior potencial de sustentabilidade ou menor risco à saúde, plantio de alimentos otimizado para redução de prejuízos ao meio ambiente e redução dos custos envolvidos.

✓ Exploração espacial: identificação de ameaças à vida terrestre a partir de objetos em órbita de colisão, identificação de potenciais planetas para *habitat* de vida inteligente.

A Figura 28.1 mostra algumas das camadas de métodos, habilidades e tarefas principais da inteligência artificial.

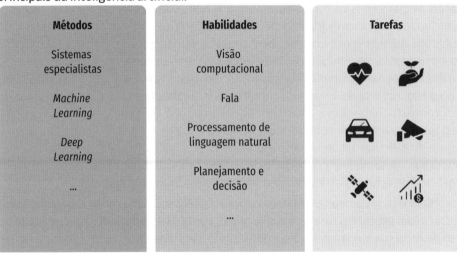

Figura 28.1 Métodos, habilidades e tarefas da inteligência artificial.
Fonte: elaborada pelo autor.

As aplicações da inteligência artificial vão se ampliar para todos os pontos em que o humano avançou na sua capacidade de explorar o universo e de criar a partir de seus recursos, funcionando como um poderoso aliado para que os avanços tecnológicos sejam acelerados. Vamos ver como a The Not Company (NotCo) utiliza a inteligência artificial para recriar alimentos utilizando uma base vegetal.

NotCo: Maionese sem ovo e o orgulho de não ser igual

Grão de bico para dar cremosidade. Sementes de mostarda para acentuar o sabor. Óleo de canola para potencializar a textura. Vinagre de uva para trazer suavidade. E lima para equilibrar toda essa mistura. Essa é a receita quase que imprevisível da maionese, ou melhor, da Not Mayo, da NotCo.

Será que um chefe humano chegaria nessa combinação de ingredientes? O que sabemos é que Giuseppe, a inteligência artificial dessa *foodtech* chilena, identificou, dentre dezenas de milhares de vegetais, características de sabor, aroma, retrogosto, que poderiam se combinar para chegar a um sabor mais próximo possível da maionese tradicional. Após sugestão da inteligência artificial, uma equipe de cozinheiros e químicos se reuniram para testar e aprimorar a receita, retroalimentando o sistema.

Hoje, a empresa já comercializa não somente maionese, como também leite, sorvete e hambúrguer, sempre à base de vegetais. Com isso, além de levantar uma bandeira da redução do consumo de produtos de fontes animais para alimentação, a empresa consegue reduzir também o uso de água e de energia para a produção de seus alimentos.

Não à toa a empresa chamou a atenção de Jeff Bezos, que já investiu 30 milhões de dólares na empresa por meio da Bezos Expedition. Além disso, a empresa fez parceria com o Burguer King para o lançamento de seu sanduíche vegano, o que ajuda o *fast-food* a se posicionar perante uma crescente demanda do mercado consumidor por produtos mais saudáveis e que proporcionem menos danos ao meio ambiente.

Na Figura 28.2, vemos os ingredientes vegetais utilizados para testar novas receitas sugeridas por Giuseppe, a inteligência artificial da NotCo.

Figura 28.2 Imagem do vídeo que mostra o processo de produção da NotCo, disponível em: https://youtu.be/QCdXgF1iSgc. Acesso em: 28 ago. 2020.

Fonte: TECH CRUNCH. The Not Company, a maker of plant-based meat and dairy substitutes in Chile, will soon be worth $250M. Disponível em: https://techcrunch.com/2020/07/23/the-not-company-a-maker-of-plant-based-meat-and-dairy-substitutes-in-chile-will-soon-be-worth-250m. Acesso em: 28 ago. 2020.

NotCo. *Alimentos de origem vegetal que têm melhor textura e sabor que os alimentos de origem animal*. Disponível em: https://notco.com/. Acesso em: 28 ago. 2020.

CAPÍTULO 29

ROBÔS AUTÔNOMOS

Assim como outras tecnologias mostradas nesta Parte 4, os robôs autônomos vêm se aperfeiçoando a partir da utilização de elementos de outras tecnologias, como da inteligência artificial, da internet das coisas e do *big data*, entre outras possibilidades. Tais tecnologias, como foi dito na introdução desta parte do livro, são pilares da Indústria 4.0, e muitas delas, por vezes, se confundem com o termo. Isso quer dizer, é bem provável que se você fizer agora uma busca de imagens pelo termo Indústria 4.0, verá imagens de robôs autônomos trabalhando em uma linha de montagem ou interagindo com seres humanos. Dito isso, embora a Indústria 4.0 não esteja restrita ao uso de robôs autônomos, de fato eles fazem parte de suas aplicações mais avançadas.

Vamos às definições do que são robôs autônomos, primeiramente explorando o que são robôs. A versão de robôs proveniente do imaginário coletivo está muito relacionada com a cultura pop, em que robôs em forma humanoide (nem sempre com as melhores das intenções) servem aos seres humanos na execução de suas tarefas, de modo a lhes dar mais tempo para realizar atividades de lazer ou ócio. No entanto, enquanto as formas humanoides de robôs têm aplicações mais relevantes em objetos para entretenimento ou companhia, em aplicações industriais, suas formas estão mais relacionadas com a função específica que irão realizar do que propriamente com a impressão que irão causar e emoções que poderão proporcionar, como é o caso dos braços robóticos em linhas de montagem.

Por definição, robôs são máquinas que, idealmente, podem ser programadas para realizar tarefas de modo independente, sem a intervenção humana direta.[44] A diferença básica entre dispositivos que podem, por exemplo, manipular objetos (como um guindaste) e robôs que também podem fazê-lo é que os primeiros necessitam de humanos operando e controlando sua atuação (como o operador de guindaste) e os robôs serão controlados por um computador que roda um programa específico para tal.[45] Os robôs são, assim, ideais para tarefas muito perigosas, maçantes ou insalubres para que seres humanos as executem.

Robôs, tipicamente, apresentam um corpo estrutural para acondicionar seus componentes, uma forma na qual se movimenta, um sistema sensorial que coleta informação sobre o ambiente, uma forma de interagir com objetos, uma fonte de energia e um "cérebro" computacional que irá controlar todo o resto.[46]

De acordo com a Japanese Industrial Robot Association (JIRA), é possível classificar os robôs em classes que indicam, entre outros fatores, sua autonomia ao executar suas tarefas. Em classes mais baixas, os robôs executam tarefas repetitivas, com relativa dificuldade para readequar funções caso necessário, não sendo capazes de perceber alterações no ambiente e se adaptar a elas. Em um nível mais alto, os robôs devem ser inteligentes, entendendo o ambiente que o cerca e contornando obstáculos para que ainda assim suas tarefas possam ser realizadas.[45] Entre essas classes, estão os *playback robots*, bastante utilizados atualmente, onde um operador humano movimenta um braço robótico manualmente enquanto executa uma tarefa, de modo que o instrumento possa depois executar os mesmos movimentos sem sua ajuda. Robôs desse tipo são programados *on-line* com o método *lead through*, a partir do treinamento por demonstração do operador. Entre outras, há também a programação *on-line* por meio de um painel de controle, que funciona como um *joystick*, e a usual programação *off-line*, em que pode existir uma simulação para replicar os movimentos que o robô fará. A Figura 29.1 mostra as diferenças entre os métodos.

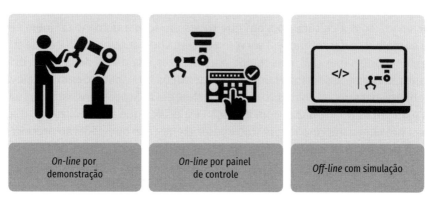

Figura 29.1 Tipos de programação em robôs colaborativos.
Fonte: elaborada pelo autor.

Idealmente, robôs autônomos são aqueles realmente capazes de operar independentemente de um controlador humano disponível. Com os avanços em termos de inteligência artificial, os robôs autônomos passaram a ter capacidade de aprender por sua experiência, modificando a forma como executam determinadas tarefas, com intuito de otimizar seu desempenho. Há ainda, no escopo de internet das coisas, a possibilidade de ter vários robôs funcionando em conjunto, cientes da presença e movimentação uns dos outros, sendo possível a otimização do sistema, não somente de um dispositivo individualmente, mas da atividade de todos em conjunto.

As vantagens de se utilizar robôs em um armazém ou planta industrial são muitas, podendo-se destacar:[45]

- ✓ Aumento de produtividade, segurança, eficiência, qualidade e consistência de produtos.
- ✓ Robôs podem trabalhar continuamente sem dar sinais de fatiga ou tédio ao realizar tarefas repetitivas.
- ✓ É possível ter robôs trabalhando em ambientes que seriam inóspitos para seres humanos, por exemplo, em altas temperaturas ou com elevado nível de ruído.
- ✓ O robô mantém sua precisão mesmo após horas seguidas realizando a mesma tarefa, sendo um aspecto importante para a manutenção da qualidade de conformidade.
- ✓ Robôs podem executar múltiplas tarefas ao mesmo tempo, diferentemente dos seres humanos.

No entanto, os robôs também trazem desvantagens, como:

- ✓ Custo inicial alto e custo elevado de manutenção.
- ✓ Custo elevado para modificação ou adaptação das funções do robô.
- ✓ Robôs podem ser limitados em sua capacidade de cognição, criatividade, entendimento e tomada de decisão.
- ✓ Robôs podem provocar acidentes de trabalho causando danos à estrutura física, aos produtos e, também, aos colaboradores da empresa.

Além dessas desvantagens, existe a importante discussão acerca do impacto social que a adoção de robôs poderá exercer no desemprego, já que, em geral, eles substituem humanos com baixa especialização na realização de tarefas. Em nível estrutural, enquanto sociedade, essa constitui uma preocupação bastante válida, à medida que essa substituição pode acarretar uma massa de trabalhadores com baixa ou nenhuma empregabilidade, o que geraria um grande distúrbio social. Em nível individual do negócio, se o preço a se pagar por não ter um ou mais robôs for a perda de competitividade da empresa, então a melhor decisão é utilizá-los, até porque o aumento de competitividade pode resultar em um crescimento do negócio e, assim, aumentar o volume de empregos, que, de outra forma, não existiriam.

Os robôs autônomos vêm sendo utilizados com sucesso em diversas atividades e suas aplicações mais comuns em uma planta industrial são:

- ✓ pegar e colocar;
- ✓ empacotamento e paletização;
- ✓ inspeção de qualidade;
- ✓ análises e coletas de amostras;
- ✓ alimentação de máquinas;
- ✓ montagem;
- ✓ pintura, soldagem, colagem e polimento.

Em geral, pequenas e médias empresas tendem a imaginar que robôs são muito caros e complexos de se integrar às tarefas, seja pela necessidade de adequação do *layout* ou até mesmo de uma programação específica para tais funções. No entanto, hoje, existem robôs que podem ser programados de maneira simples, até intuitivamente, por funcionários com treinamento básico para exercer tal função. A Pollux, líder no Brasil no segmento de serviços de robótica, oferece "robôs como serviço", como já vimos anteriormente neste livro, em que a empresa pode fazer a locação de robôs, incluindo serviços de engenharia, instalação e manutenção. Dentro de uma lógica dominante de serviços, em que as empresas alocam seus esforços em oferecerem serviços de forma contínua com pagamento recorrente, esta é uma tendência de economia colaborativa que permite o acesso à tecnologia sem os altos custos iniciais para sua implantação.

Vamos ver como a Natura incorporou um *cobot*, um robô colaborativo, em uma de suas linhas de produção.

Um robô colaborativo no final da linha Natura EKOS

Já vimos neste livro o exemplo do quiosque *ÍCONES by Chocobot*, da Nestlé, em que um robô faz a montagem de uma caixa de bombons com as escolhas dos clientes. Essa é uma aplicação inusitada e, por isso, bastante inovadora no uso de robôs. No entanto, para este momento do livro, a escolha foi por um caso bem tradicional da utilização de robôs em uma linha de produção, exatamente para mostrar que eles podem ser utilizados em ambientes de baixa complexidade.

A Natura, em parceria com a Universal Robots, decidiu integrar um robô colaborativo a sua linha de produção da marca EKOS. Um robô colaborativo, também chamado de *cobot*, é aquele que divide o espaço físico com os demais trabalhadores, atuando em conjunto, sem necessidades especiais de equipamentos de segurança ou zonas de afastamento e armações de proteção no entorno. Para tal, esses robôs precisam de sensores capazes de perceber as movimentações no ambiente e não colocar os colaboradores em risco.

Ao final da linha de produção dos produtos EKOS, havia duas pessoas encarregadas de realizar a tarefa manual de encaixotamento. Além da tarefa fatigante e repetitiva, essas pessoas estavam sujeitas a cometer erros e limitar o restante da linha. Por isso, a Natura consultou a Universal Robots para a implantação de um robô colaborativo, que em três dias foi configurado.

O robô UR10 é capaz de empacotar 70 produtos por minuto e, a partir da troca de sua ferramenta de interface com a linha, realiza a operação de empacotamento de três tipos de embalagens diferentes.

Esse é um caso bem típico da utilização de robôs colaborativos na linha de produção. Sua implementação adequada permite uma economia em médio prazo (por vezes, até no curto prazo), principalmente no esquema de robôs por locação (ou *robots as a service*), como os oferecidos no Brasil tanto pela Universal Robots quanto pela Pollux.

Na Figura 29.2, vemos o *cobot* realizando suas tarefas na linha de produção da Natura.

Figura 29.2 Imagem do vídeo que mostra *o robô da Universal Robots na Natura*, disponível em: https://www.universal-robots.com/br/casos-de-sucesso/natura/. Acesso em: 9 out. 2020.

Fonte: UNIVERSAL ROBOTS. *Empacotar diferentes produtos de uma mesma linha de produção com um único cobot*. Disponível em: https://www.universal-robots.com/br/casos-de-sucesso/natura/. Acesso em: 9 out. 2020.

CAPÍTULO 30

CIBERSEGURANÇA

Vou começar este capítulo contando uma história que vivenciei. Certa vez, fui convidado por um profissional que admiro muito para ir até Nova York participar de uma reunião com uma *startup* bastante promissora, que já atendia clientes gigantes no mercado norte-americano e tinha interesse de expandir sua atuação para o Brasil. A *startup*, então, estava conversando com possíveis parceiros para trazê-la para cá. Fiquei, dentre outras coisas, encarregado de entender profundamente o negócio da *startup* para que, ao sentar à mesa com o time da empresa, tivesse maior capacidade de discutir todos os aspectos que envolviam o negócio. Pois bem, fiz o meu dever de casa com excelência: abri meu navegador, acessei o Google e, simplesmente, digitei o nome da *startup*. Li, literalmente, todas as páginas, documentos, assisti vídeos e consumi todo o conteúdo que estava indexado pelo Google.

Durante esse consumo de conteúdo, percebi que um grande volume de informações estratégicas – como os planos da empresa para o ano seguinte, sua estrutura interna, seu *roadmap* de desenvolvimento de *software* – estavam disponíveis pela internet, em *slides* compartilhados, vídeos de reuniões internas, relatórios, planilhas, entre outros. Inocentemente, me surpreendi que aquela empresa estava sendo bastante aberta em relação aos seus dados e metas, ainda mais tratando-se de uma empresa com um produto inovador, mas, de certa forma, fácil de copiar.

Acontece que, durante nossa reunião com essa *startup*, quando comecei a falar, fui citando naturalmente várias das informações que tinha adquirido desses documentos espalhados pela internet. No entanto, a cada nova peça de informação que eu mostrava ter conhecimento, mais o pessoal do outro lado da mesa ficava assustado, ou melhor, aterrorizado. Foram algumas intervenções do tipo "Como você sabe disso?", "Onde você descobriu isso?" e até uma do tipo "Fulano, vai lá agora verificar se esse documento realmente está disponível ao público". Confesso que errei nesse ponto. Ao primeiro sinal de que eles não sabiam que aquelas informações estavam dispersas pela internet, eu deveria ter parado de citar tais dados e fingido não saber tanto sobre o negócio da empresa. Inclusive, pedi desculpas ao meu parceiro, que havia generosamente me convidado para a ocasião, por ter exposto àquela empresa o quanto ela estava vulnerável no tocante a suas informações estratégicas.

Tenho quase certeza de que muitos naquela reunião saíram dali achando que eu tinha invadido de alguma forma os arquivos da empresa e espionado suas informações, e que esse papo de que estava tudo no Google era apenas uma desculpa. Infelizmente não era, as informações da empresa não somente estavam abertas, mas escancaradas na internet e disponíveis para quem quisesse acessar. E esse caso serve de exemplo de como, até nas coisas mais básicas e mais elementares – como não compartilhar o vídeo de uma reunião estratégica interna em uma plataforma como Vimeo ou YouTube –, as empresas podem falhar miseravelmente. E digo mais, em minha experiência profissional, tendo prestado consultoria a dezenas de empresas, presenciei falhas humanas de compartilhamento de dados que me mostram o quanto grande parte dos negócios tem problemas de cibersegurança ainda em um nível muito elementar de educação do usuário.

Casos como esse mostram que, de fato, um componente essencial para a prevenção de ataques em um sistema de informação é a conscientização do usuário,[47,48] que inclui:

- ✓ educar continuamente o time em relação a boas práticas de cibersegurança;
- ✓ fazer com que os colaboradores compreendam a importância de princípios de segurança em relação às senhas e autenticação de dois fatores;
- ✓ conscientizar sobre a necessidade de manter *softwares* atualizados;
- ✓ promover um guia de boas práticas para reconhecimento de *e-mails* desconhecidos e maliciosos;
- ✓ instituir treinamento em relação a possíveis técnicas maliciosas de engenharia social que buscam explorar a inocência dos usuários;
- ✓ implementar *checklist* de segurança para o *logout* de sistemas e procedimentos para uso de dispositivos em locais públicos.

E, caso tenha ocorrido um ataque, é muito importante que os colaboradores se sintam acolhidos de modo a poder reportá-lo logo após sua efetivação, para que as medidas imediatas sejam tomadas como forma de diminuir o potencial de comprometimento de dados.

Apesar de a conscientização e o treinamento de usuários sejam um importante fator, infelizmente não são suficientes. A cibersegurança necessita de um programa bem estabelecido dentro da empresa para a aplicação contínua de boas práticas que busquem garantir e preservar a confidencialidade, a integridade e disponibilidade de in-

Cap. 30 • Cibersegurança — 183

formações digitais e a segurança de pessoas e ambientes.[47] Nesta definição, vemos três elementos importantes que precisam ser preservados e os quais vamos explorar em seguida: a confidencialidade, a integridade e a disponibilidade de informações digitais.

A confidencialidade se refere a manter privadas informações que, em princípio, não devem ser de domínio público. Por exemplo, as informações dos clientes de um negócio devem permanecer confidenciais, pois, do contrário, pode causar uma grande quebra de confiança entre os consumidores e a empresa, manchando sua reputação e a disposição de as pessoas fazerem negócio com aquela empresa novamente. Além disso, dentro do próprio negócio, é necessário uma estrutura formal que estabeleça níveis de acesso à informação. Por exemplo, em geral, somente a diretoria da empresa tem acesso aos dados financeiros completos do negócio, apenas as pessoas da área financeira e da área de gestão de pessoas têm acesso ao salário de todos os colaboradores, ou somente o time de vendas tem acesso às propostas comerciais. Dito isso, a confidencialidade dos dados tem tanto uma dimensão interna, relativa aos níveis de acesso dentro do próprio time, quanto uma dimensão externa, relacionada com parceiros de negócios e público em geral.

A integridade da informação está associada à proteção, manutenção e garantia de que uma informação está correta e completa em uma base de dados. Por exemplo, se alguém pode acessar a planilha de pagamentos do financeiro e mudar um pagamento de R$ 5 mil para R$ 50 mil, há um grande problema em relação à proteção da integridade da informação.

A disponibilidade responde pela acessibilidade dos dados sempre que são necessários. Ter a informação atualizada e disponível em tempo real é muito importante para a tomada de decisão estratégica.

Um bom programa de cibersegurança deve estabelecer controles que possam prevenir, detectar, corrigir e compensar o risco se a empresa for atacada e quando ela estiver sob ataque:[47]

- ✓ Controles preventivos: implementação de mecanismos que impeçam que tentativas de ataque cheguem até os ativos de informação da empresa (informações que possam gerar ganhos para concorrentes ou perdas para a empresa).

- ✓ Controles de detecção: procedimentos e aplicações desenhadas para identificar, em tempo real, se um ataque está sendo tentado ou ocorrendo, qual o tipo de ataque e quem está por trás daquele ataque.

- ✓ Controles corretivos: sistemas desenhados para minimizar as perdas ocasionadas por um ataque, recuperando dados por meio de *backup*, corrigindo falhas e atualizando sistemas.

✓ Controles compensatórios: sistemas desenvolvidos para manter serviços essenciais e acesso a sistemas de recuperação quando o ataque foi bem-sucedido e ativos importantes da empresa estejam comprometidos.

Um programa bem estabelecido de cibersegurança, com profissionais qualificados em sua implementação e manutenção, é essencial para que o negócio não tenha perdas de ativos e recursos importantes em relação aos seus sistemas de informação.

Bom, até aqui falamos sobre a cibersegurança como uma necessidade para a preservação de ativos, isto é, um centro de custos para mitigar as chances de perdas e, assim, manter a posição da empresa perante concorrentes protegidos por um bom programa de cibersegurança ou, então, superá-los caso não tenham e sofram ataques bem-sucedidos. Além disso, a empresa pode trabalhar a cibersegurança sob a perspectiva de um centro de receitas, criando e ofertando serviços de cibersegurança para outros negócios. Obviamente, este é um mercado adjacente para apenas uma parcela de empresas, mas é um mercado de atuação muito atraente, já que as ameaças virtuais crescem à medida que o uso de sistemas de informação se torna mandatório.

Desde consultorias para a prestação de serviços de cibersegurança até aplicações de segurança de pagamentos, há um enorme mercado para criar ofertas que visem garantir a segurança dos dados de empresas e seus clientes. Quanto mais complexa se torna a tarefa de manter todos os dados de um negócio seguros, mais existe espaço para que as empresas busquem por parceiros e soluções terceirizadas na execução desses serviços. E, dentro desse cenário, a tecnologia de *blockchain* se destaca como uma das mais importantes e inovadoras maneiras de lidar com as ameaças em ambientes *on-line* e gerar valor para clientes ao oferecer segurança e reduzir a incerteza em relação a integridade de dados. Por isso, vamos explorar o *blockchain* em detalhes a seguir.

30.1 *Blockchain*

O conceito de *blockchain* pode ser um pouco árido para entender pela sua definição técnica, então vamos primeiro a uma metáfora que pode ajudar a compreender o valor de armazenar informações em uma rede distribuída e utilizar o consenso como medida de confiabilidade.

Minha esposa me contou a seguinte relação com as histórias que seu avô inventava e contava para ela dormir. Imagine que seu avô começava a contar uma história na segunda-feira e, a cada dia da semana, acrescentava um novo capítulo a essa história. No entanto, ela não gostava de ouvir só o capítulo do dia, seu avô

Cap. 30 • Cibersegurança   185

tinha que lhe contar a história completa todas as noites, passando pelos capítulos anteriores até chegar ao novo. Mas ela impunha uma dificuldade para o avô: se ele errasse qualquer parte da história, tinha que contar toda do início. Logo, se a memória do avô não estivesse tão boa, o processo de contar a história se tornava uma tarefa tão difícil que podia demorar horas.

Bom, vamos imaginar que o avô de minha esposa não lembrasse de detalhes de um capítulo da terça-feira e agora, para continuar a história, já na sexta-feira, ele tinha que arrumar um jeito de pular aquela parte da história. Ele sabe que a netinha não iria aceitar facilmente essa mudança e que aquela noite não seria nada fácil. Então, resolve tentar comprar o esquecimento da netinha lhe oferecendo um brinquedo novo, para que ela fizesse vista grossa e não se importasse com o deslize na história. Ela aceitando, então, esse pequeno suborno, se contentaria em ouvir uma história levemente diferente e seguir adiante. Bom, esse é o problema de ter, por exemplo, uma única autoridade validadora, porque ela pode ser corruptível e "alterar" sua memória sobre o que foi registrado.

Pense agora que o avô da minha esposa não tivesse somente ela como neta ouvindo suas histórias, mas outras 99 netinhas escutando-as. Toda vez que ele fosse contar um novo capítulo de uma história, tendo ele também que contar todos os anteriores, todas essas netinhas teriam que entrar em consenso de que os capítulos anteriores estavam corretos e que o novo capítulo realmente era coerente e encadeado com a história. Agora, mudar a história ficaria muito mais difícil, porque ele teria que subornar com brinquedos pelo menos 51 netinhas e convencê-las em aceitar um deslize ou modificação na história. Por isso, é interessante não ter somente uma única autoridade validadora, mas um grupo de validação com a informação distribuída e capaz de verificar sua veracidade e seu encadeamento, sendo muito mais difícil de alterar qualquer registro.

Agora, substitua a figura da netinha por um cartório de notas e a figura do avô por agentes do mercado imobiliário. A função do cartório é exatamente validar que determinada propriedade existe e registrar as transações que ocorreram, registrando em um livro a história dessa propriedade, ou seja, o histórico de pessoas que foram suas proprietárias, por exemplo. O problema é que o cartório pode não ser honesto e aceitar alterar algum registro, pode ter o livro roubado ou queimado, pode registrar as informações de forma errada, entre outros problemas.

Em nossa sociedade, precisamos de instituições como os cartórios para validar que determinado fato ocorreu, seja a venda de um imóvel ou a assinatura de um contrato. Em outras palavras, temos fé de que essas instituições são dignas de confiança, e isso se faz necessário para que todas nossas relações comerciais possam funcionar.[49] Se não existisse cartório de notas, alguém poderia invadir sua casa e dizer que a casa era dele, e nenhuma autoridade teria como verificar quem está certo.

O *blockchain* é uma tecnologia que visa eliminar a figura dessa autoridade intermediária, criando uma rede que valida as informações armazenadas e as novas por meio de consenso. Por exemplo, no lugar de confiar no cartório para registrar determinado contrato, passo a usar um sistema em que muitas máquinas têm o registro dessa informação, de modo que, alterar apenas o registro em uma única máquina isoladamente, é inútil.

Agora sim, de maneira técnica, podemos definir a tecnologia do *blockchain* como uma base de dados descentralizada, que guarda o registro de ativos e transações em uma rede de computadores conectados entre si (*peer-to-peer*).[50] Essas transações são registradas pela criptografia de dados e cada novo bloco de informações é conectado ao anterior, formando uma cadeia de blocos criptografada. Esses registros são, então, replicados em cada uma das máquinas que integram a rede.

Por conta da natureza distribuída da rede, a informação não fica suscetível a uma alteração individual nos registros. Logo, se uma pessoa alterar o registro em uma máquina, nenhuma outra validará aquela informação, mostrando que o dado foi corrompido. Isso quer dizer que, a não ser que detenha mais da metade dos nós da rede, você não terá o consenso de que sua versão dos fatos é a correta (isso é quase impossível em uma rede independente e larga). A Figura 30.1 mostra a diferença de uma rede centralizada e uma rede distribuída.

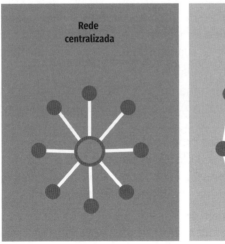
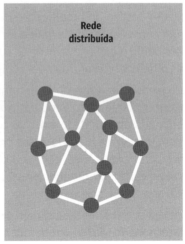

Figura 30.1 Rede centralizada e distribuída.
Fonte: elaborada pelo autor.

É claro que essa é a visão conceitual sobre a tecnologia de *blockchain*, enquanto os aspectos técnicos da forma como os dados são criptografados, validados, acrescentados à corrente em um novo bloco, e mesmo como esses blocos são minerados, vão além do escopo deste livro.

Você pode estar se perguntando por que existe um *hype* tão forte associado ao *blockchain*? Bom, vamos lembrar que vivemos em uma sociedade onde a informação, atualmente, talvez seja o ativo de maior valor. Por exemplo, grande parte do valor da Amazon não está em seu *website* ou em seus centros de distribuição, mas na quantidade de informações que ela armazena do comportamento de seus clientes, que a permitem recomendar novos itens baseados em seu comportamento. O mesmo pode-se dizer de instituições bancárias, telecomunicações, serviços de *streaming* por assinatura, e assim por diante.

Logo, a existência de uma tecnologia que aumenta a confiabilidade e a velocidade com que informações são armazenadas e disponibilizadas, ao mesmo tempo que reduz os custos de transação, tem potencial para trazer benefícios às mais diversas indústrias. Vamos ver, a seguir, algumas das aplicações de *blockchain* em diferentes tipos de negócios:[51]

✓ Finanças: criação de criptomoedas, como o Bitcoin, que permitem a realização de transações sem a necessidade de um intermediário bancário; bancos tradicionais utilizando *blockchain* para aumentar a eficiência, confiabilidade de seus serviços e segurança das informações.

✓ Gestão de cadeias de suprimentos: rastreabilidade de insumos, verificando em toda cadeia sua proveniência, mão de obra empenhada, temperaturas de transporte, entre outros elementos, que vão certificar aspectos importantes do produto perante os consumidores.

✓ Internet das coisas: a descentralização de informações traz grandes benefícios a aplicações de internet das coisas, já que permite a comunicação rápida e segura entre dispositivos, sem a necessidade de um nó central de administração de dados e, portanto, operações mais ágeis.

✓ Seguros: o uso de contratos inteligentes permite que o acionamento de seguros e pagamentos de prêmios seja mais ágil e independente de serviços cartoriais e advocatícios.

✓ Transporte: os aplicativos de motoristas particulares, hoje, são centralizados em empresas que os exploram, como Uber e 99, enquanto soluções de *blockchain* podem conectar diretamente motoristas e clientes, sem esse intermediário, reduzindo custos para consumidores e aumentando ganhos dos prestadores.

- ✓ Sistemas eleitorais: o registro de votos e identificação de eleitores pode implementar um sistema mais transparente e ágil.
- ✓ Saúde: constituição de bancos de dados compartilhados que guardam dados de pacientes e que permitem acesso descentralizado a esses dados.
- ✓ Energia: com o aumento do uso de painéis de energia solar e outras formas de geração limpa de energia, é possível criar redes em que um consumidor venda energia para outros consumidores, eliminando o intermediário centralizador que, normalmente, opera entre eles.
- ✓ Comércio eletrônico: redes regidas por contratos inteligentes que vão garantir a segurança para realizar compras diretamente com empresas e até mesmo com outros consumidores, sem a necessidade de varejistas e sistemas bancários intermediando essa compra.

Enfim, em toda parte da sociedade, temos instituições que existem para garantir o cumprimento de obrigações mútuas e a veracidade das informações, e o *blockchain*, ao utilizar confiabilidade baseada na descentralização e validação por consenso, pode eliminar a necessidade de muitos intermediários que atuam com esse papel.[52]

Blockchain é uma tecnologia de registro distribuído, que possibilita o desenvolvimento de soluções públicas e também privadas, podendo ser mais ou menos seguras de acordo com seus objetivos e arquitetura. As promessas em torno da tecnologia são muito grandes e, se atender às expectativas, é possível que, assim como a internet entrou nas empresas de forma imperativa, o uso do *blockchain* também faça o mesmo.

Vamos ver como a JBS pretende utilizar *blockchain* para reduzir o impacto negativo de fornecedores no desmatamento da Amazônia.

JBS e o *blockchain* que promete proteger a Amazônia

O apelo para sustentabilidade não é novo, mas este assunto tem ganhado novos contornos com a ajuda da tecnologia, seja pela utilização de satélites e *drones* para monitoramento de áreas desmatadas, seja pela validação por selos verdes de que a empresa respeita princípios sustentáveis em suas atividades.

Cap. 30 • Cibersegurança 189

Como o apelo à sustentabilidade por parte dos consumidores e também de governos de diversos países, a JBS irá utilizar o *blockchain* para ter total rastreabilidade de todos os elos de sua cadeia de suprimentos.

A questão é a seguinte: existem no Brasil criadores de gado que desmatam a floresta para expandir as áreas de pastagens. Embora a JBS possa não comprar diretamente a carne desses fornecedores, não é uma tarefa fácil garantir que eles não tenham negociado com criadores que utilizam o desmatamento como forma de aumentar suas áreas de pastagem.

Nesse sentido, o *blockchain* da JBS irá cruzar informações dos seus fornecedores com dados de trânsito de animais, estendendo assim aos demais elos da cadeia produtiva o monitoramento socioambiental que já é feito nos fornecedores, passando a identificar, monitorar e analisar também os fornecedores de seus fornecedores diretos.

De acordo com a empresa, a tecnologia *blockchain* irá dar confidencialidade e segurança no acesso às informações e transparência nas análises dos fornecedores. A expectativa é que em poucos anos a adesão dos fornecedores diretos à plataforma será uma condição obrigatória para vender gado para a JBS.

A Figura 30.2 mostra uma imagem de um vídeo em que a JBS apresenta seu projeto de preservação da Amazônia.

Figura 30.2 Imagem do vídeo que apresenta o projeto *Juntos pela Amazônia* da JBS, disponível em: https://www.youtube.com/watch?v=5mUkeLyEXzM. Acesso em: 14 out. 2020.

Fonte: JBS. *Plataforma Verde JBS.* Disponível em: https://jbs.com.br/juntospelaamazonia/iniciativas/plataforma-verde/. Acesso em: 14 out. 2020.

RESUMO

Alguns dos pontos principais apresentados nesta Parte 4:

1. Estamos vivenciando a Quarta Revolução Industrial, marcada pelos sistemas ciberfísicos, onde há uma integração entre dispositivos mecânicos com o crescente poder computacional disponível, gerando máquinas capazes de reconhecer e atuar sobre o ambiente.

2. Se um negócio ainda não aplicou usos largamente adotados em seu mercado de tecnologias digitais de base, tais como internet, dispositivos móveis, aplicativos *mobile* e redes sociais, é preciso desenvolver tais recursos e atividades primeiramente, antes de pensar em novas tecnologias digitais, tais como realidade estendida e internet das coisas.

3. Quanto mais os consumidores vivenciam experiências positivas com novas tecnologias digitais, sobretudo em mercados adjacentes ou no próprio mercado de determinado negócio, maiores serão as expectativas dos clientes que tal negócio irá também utilizá-las em um futuro próximo.

4. As novas tecnologias digitais, com frequência, atuam de forma complementar e se potencializam mutuamente, sendo comum ver inovações que vão utilizar ao mesmo tempo *big data*, *cloud computing*, inteligência artificial e robôs autônomos, por exemplo.

5. À medida que as tecnologias digitais avançam, a cibersegurança se torna cada vez mais importante e deve representar uma estrutura que se expande enquanto outros pilares se consolidam no negócio.

PARTE 5

COMO APLICAR OS CONCEITOS DE FORMA INTEGRADA

Capítulo 31. Fazendo a transformação digital acontecer

Capítulo 32. Criando rotinas de experimentação

Capítulo 33. Lidando com a relutância

Capítulo 34. Pensando na sua carreira

Capítulo 35. Integrando cultura, Canvas e tecnologias

Assista ao vídeo exclusivo para esta parte.

Nesta Parte 5, as seguintes questões serão abordadas:

1. Como os conceitos e ferramentas deste livro podem ser integrados?
2. Quais são os pontos a se observar para adequar as ferramentas e os processos apresentados neste livro para uma realidade de negócio específica?
3. Como estar atento à cultura e à política para fazer a transformação digital decolar?
4. Como persistir para que a transformação digital aconteça?

CAPÍTULO 31

FAZENDO A TRANSFORMAÇÃO DIGITAL ACONTECER

Figura 31.1 Charge sobre seguir ou não um manual.
Admir Roberto Borges

Como este livro foi escrito diretamente das minhas reflexões nas trincheiras do mercado prestando consultoria em experimentação *on-line* para grandes empresas e *startups*, vivenciei, por muitas e muitas vezes, os caminhos tortuosos pelos quais as iniciativas dentro das empresas surgem e desaparecem. As dimensões política e cultural são fundamentais para que qualquer iniciativa tenha fôlego. Isso porque, embora possamos ter a visão de que um negócio é um conjunto de pessoas trabalhando pelos mesmos objetivos, a verdade é que cada uma delas tem seus próprios objetivos, suas próprias trajetórias fora e dentro da empresa e, assim, suas ações nem sempre visam maximizar o valor do negócio. Claro, quanto mais bem trabalhada e acompanhada a cultura organizacional, observando-se de perto os comportamentos compartilhados, hábitos, rotinas, mais os vetores das ações individuais estarão apontados para os objetivos estratégicos dos negócios.

Dito isso, este livro foi elaborado para se portar como um bom manual, apresentando conceitos e ações fundamentais para a iniciativa de transformação digital em um negócio. Assim, recomendo fortemente que, em um primeiro momento, você utilize ferramentas como o *framework* da Parte 2 e o Canvas de transformação digital da Parte 3, experimentando os efeitos que elas irão proporcionar a seu negócio.

Talvez, no caso de uma organização muito complexa, valha a pena, inclusive, começar testando essas práticas em times (ou *squads*) específicos e observar como são absorvidas e quais foram os resultados proporcionados. Isso porque é importante criar um processo que se adapte dentro da forma com a qual a organização trabalha. Projetos de menor escala podem ligar alertas que talvez você não soubesse que existissem antes de fazê-lo, já produzindo, antecipadamente, os anticorpos necessários para enfrentá-los em uma escala maior.

É possível que este guia que o livro buscou apresentar caia como uma luva na realidade de seu negócio, mas também pode ser que, mesmo utilizando essas ferramentas, a iniciativa de transformação digital não decole. Não se frustre caso isso não aconteça, tente conversar com as pessoas, fazer anotações e buscar maneiras de compreender onde a empresa está ficando presa a suas práticas atuais.

Em geral, você pode escutar de diferentes pessoas que o problema está na falta de recursos para investir em inovação. No entanto, na maior parte das vezes, essa perspectiva esconde outros motivos, sendo o medo de se arriscar, o medo do fracasso e o medo de perder o emprego algumas das razões mais importantes para que a inovação seja desacelerada. É compreensível que as pessoas se sintam assim, porém, no mundo contemporâneo, não há espaço para esse tipo de pensamento. Se em seu concorrente, que pode estar ao seu lado ou na China, não houver essas amarras, não há nada mais arriscado do que não inovar e experimentar.

CAPÍTULO 32

CRIANDO ROTINAS DE EXPERIMENTAÇÃO

Ao longo desta obra, vimos como a transformação digital requer a consciência dentro da empresa de que a experimentação responsável deve ser valorizada, assim como o erro. Ter um compromisso muito grande com o acerto nos deixa por demasiado lentos. Somente investir no que já deu certo, somente lançar produtos que são ideias repaginadas, somente implementar tecnologias que representam uma leve melhora no que já havia sido feito, tudo isso é a receita para que a empresa vá, pouco a pouco, se tornando ultrapassada e entregando menos valor para os clientes.

O foco excessivo em obter ganhos marginais em termos de estrutura de custos da operação do negócio deixa de trazer vantagens competitivas em um mercado que avança em saltos. Isso quer dizer, uma gravadora que estava orientada para reduzir o custo de seus CDs negociando com fabricantes de mídias físicas pode ter sido atropelada pelas mídias digitais e pelo *streaming*. Talvez seu mercado já tenha visto alguns desses saltos acontecerem ou você pode ainda não os ter experimentado de uma forma tão abrupta, mas é possível que, nos próximos anos, todos os mercados tenham vivenciado a disrupção em algum aspecto importante de suas atividades.

A melhor forma de lidar com um mercado que avança em saltos é criar um músculo de experimentação que permita agir e reagir com agilidade. De um lado, começar a experimentar novas ofertas e novos modelos de negócios pode fazer com que sua empresa impulsione um avanço do mercado e, se assim for, você terá um tempo de vantagem para se estabelecer como um *player* protagonista ou mesmo referência para o consumidor, enquanto os concorrentes precisarão reagir às mudanças que você impôs ao mercado. De outro lado, incentivar a competência de experimentar vai fazer com que sua empresa seja mais ágil para reagir a saltos impostos pelas estratégias bem-sucedidas de outras empresas. Assim, se determinado modelo de negócios for postulado como o possível futuro do mercado, sua empresa pode pivotar com rapidez para reduzir a vantagem de largada que o *player* propositor obteve.

O autor do *Business Model Canvas*, Osterwalder, defende que todas as empresas devem ser ambidestras, isso quer dizer, devem ter talentos não só capazes de inovar e explorar novas possibilidades, mas também que sejam especialistas em fazer com que os processos e a operação da empresa se tornem cada vez mais eficientes. Ambos são perfis válidos e importantes, mas é preciso conhecer seu time para saber qual deve ser o papel de cada colaborador dentro do negócio. Por exemplo, alocar alguém muito bom em mapeamento de processos e resolução de gargalos na área de inovação pode gerar ansiedade e paralisia, assim como alocar alguém que gosta de testar coisas novas e explorar sua criatividade em uma tarefa de controle de produção pode gerar apatia e frustração.

Muitas empresas têm reservado ambientes específicos para a inovação e experimentação separados fisicamente de suas unidades matriciais. A esses laboratórios de novos modelos de negócios é dada autonomia para testar e para falhar, sem que a cultura organizacional possa estrangular tais iniciativas. Particularmente, considero que cada empresa deve refletir sobre qual estrutura mais lhe atenderá bem. Acredito que é possível inovar dentro do mesmo CNPJ e do mesmo ambiente de trabalho, aproveitando, inclusive, de uma sinergia em relação à compreensão do cliente e da forma de trabalhar. No entanto, entendo que algumas empresas optem por localizar esses organismos separados do corpo principal, no sentido de terem mais liberdade para explorar livremente. De toda forma, volto a ressaltar, como fiz várias vezes neste livro, o apoio da liderança é fundamental para, qualquer que seja a estrutura escolhida, que a transformação digital aconteça. Ter uma equipe do outro lado da rua ou do país, em uma sede descolada com mesas de sinuca e cerveja liberada no *happy hour*, não irá trazer nenhum ganho real se essas pessoas estiverem se reportando e prestando contas para uma liderança que não está convencida de que a experimentação é necessária e que, na maioria dos casos, os novos projetos não irão dar o retorno sobre o investimento esperado. Portanto, as mudanças não podem ser cosméticas, mas profundas na forma de compreender o devir dos mercados e de como novas tecnologias digitais têm proporcionado o avanço em saltos.

CAPÍTULO 33

LIDANDO COM A RELUTÂNCIA

É bem possível que você precise se expor para catalisar a transformação digital, e isso trará olhares de admiração, de rejeição e até de inveja. Esses sentimentos são muito comuns entre pessoas em uma empresa e você deve tentar sempre ter empatia em relação aos sentimentos e reações que suas ações proporcionaram. Tente não enxergar um gerente que se opôs a uma iniciativa ou um colega que riu de uma ideia, mas enxergar que são apenas pessoas que têm seus próprios medos, angústias e boletos para pagar. A inovação é se lançar ao desconhecido e muitas pessoas podem não estar dispostas a se juntarem imediatamente ao processo. Por isso, como exploramos no capítulo anterior, é muito importante que a liderança da empresa seja a primeira a apoiar e se engajar nas iniciativas de transformação digital, tendo em vista reduzir alguns dos medos mais comuns associados a ela.

Dependendo de sua organização e de sua posição na empresa, talvez seja interessante começar de forma mais tímida, com iniciativas que busquem melhorar marginalmente a operação do negócio, em vez de já pensar em desenvolver plataformas, apps e novos modelos de negócio. Pequenas vitórias podem dar o prestígio necessário para seguir adiante com iniciativas capazes de trazer resultados maiores e acréscimos mais robustos no valor entregue ao cliente. Vale também, de acordo com a estrutura hierárquica da empresa, conversar inicialmente com superiores, sem pular hierarquias, sobre suas ideias, sobre os conceitos deste livro e de transformação digital, e sobre os primeiros passos que você está autorizado a tomar. Há uma expressão que diz que "o combinado não sai caro", e esse é realmente um bom conselho a se seguir dentro de uma organização, quanto mais verticalizada ela for.

Uma dica interessante para convencer as pessoas sobre a necessidade de inovar consiste em expor exemplos de concorrentes diretos e indiretos que estão alcançando bons resultados com isso. Se não conseguir exemplos assim, busque empresas de referência em sua área no mercado internacional e traga seus casos. Há poucas coisas que convencem mais do que mostrar exemplos bem-sucedidos de concorrentes.

Um aspecto importante a ser considerado é que, muitas vezes, um novo produto ou modelo de negócios pode canibalizar negócios já estabelecidos dentro de uma empresa. Isso pode fazer com que algumas funções que, hoje, possuem pessoas alocadas deixem de existir no futuro. Por isso, é fundamental que a área treinamento e desenvolvimento da empresa se antecipe às mudanças dessa natureza, para preparar colaboradores a assumirem novas responsabilidades, caso isso ocorra. Por exemplo, uma empresa que reduz lojas físicas como canal de marketing pode ter seus postos de trabalho nesta frente do negócio reduzidos, mas irá precisar de mais pessoas na administração do estoque, relação com fornecedores, distribuição, entre outros. É de suma importância para a inovação que pessoas que tiveram seus cargos extintos sejam capacitadas e reabsorvidas por novas áreas, não só pelo aspecto positivo de não demitir pessoas, mas também para reduzir o medo e resistência à mudança. Se as pessoas não se sentirem ameaçadas pelo processo de transformação digital, menos elas irão impor barreiras e mais irão abraçar as iniciativas decorrentes.

CAPÍTULO 34

PENSANDO NA SUA CARREIRA

É possível que você não seja o dono do negócio onde trabalha e que, mesmo seguindo os passos apresentados neste livro e utilizando as ferramentas aqui descritas, você não tenha espaço dentro de sua empresa para criar iniciativas de transformação digital.

Saiba de antemão que as empresas mais visionárias tendem, hoje, a valorizar colaboradores que sejam intraempreendedores, ou seja, pessoas que estão sempre buscando formas de criar, inovar e experimentar novas maneiras de fazer as coisas e de entregar valor ao cliente. Então, talvez se as barreiras se mostrarem intransponíveis (na maior parte das vezes, não são, é preciso apenas conhecer melhor o ambiente e suas particularidades), novos desafios podem movê-lo para prosseguir, seja buscando outras oportunidades ou mesmo desenvolvendo projetos pessoais paralelamente a suas atividades principais.

Acredito ser interessante ao longo da carreira ter experiências de trabalho em *startups* e/ou em negócios que utilizem metodologias ágeis. Isso vai assegurar a oportunidade de você conhecer novas estruturas organizacionais, menos verticalizadas e menos departamentalizadas. A organização estrutural tradicional que lembra a hierarquia de comando das forças armadas reside no imaginário coletivo de qualquer profissional, e organizações mais conservadoras tendem a reforçar tal modelo mental. A oportunidade de vislumbrar que outras estruturas também são possíveis e que, muitas vezes, fazem com que a cultura da empresa se torne mais aberta à experimentação, pode proporcionar um ganho em relação a sua visão de negócios.

Escolher suas experiências profissionais é uma estratégia de carreira, então pense sempre em quais projetos você terá oportunidade de realizar em dada empresa. Com frequência, maximizar o ganho atual não necessariamente irá maximizar seu ganho ao longo da carreira, por isso, quanto mais oportunidades uma vaga oferecer no sentido de participar de projetos inovadores, mais você irá se tornar um profissional desejado por empresas que estão na vanguarda da transformação digital, as quais, acredito, têm mais chance de liderar seus mercados no futuro.

Dentro dessa mesma perspectiva, ser um empreendedor irá dar a chance de vivenciar diferentes áreas de um negócio e entender várias das dificuldades de se lutar por uma parcela de mercados já estabelecidos. Mesmo que seu empreendimento não seja bem-sucedido, várias empresas, hoje, que valorizam o perfil intraempreendedor reconhecem o valor de alguém disposto a correr riscos.

Cada vez mais os profissionais não ingressam em uma empresa pensando em ali permanecerem até a aposentadoria. Embora isso possa ser interessante em uma empresa que irá sempre desafiar seus colaboradores a crescer, não há mais uma visão negativa das pessoas que tiveram experiências profissionais mais diversas. Por isso, ser mais orientado a projetos na escolha de suas experiências profissionais pode resultar em uma bagagem interessante e também um retorno maior no longo prazo.

CAPÍTULO 35

INTEGRANDO CULTURA, CANVAS E TECNOLOGIAS

A melhor forma de utilizar os conceitos deste livro é começar pelo *framework* da Parte 2, criando um ambiente propício para a transformação digital, principalmente aplicando as práticas descritas em seus quatro primeiros passos: 1. Embarque o time na jornada de transformação; 2. Mapeie a relação atual com a tecnologia; 3. Instigue a curadoria de ideias; e 4. Crie espaços de compartilhamento e estimule influenciadores digitais internos. Isso vai garantir que o time se envolva aos poucos com conceitos de inovação e tenha também um olhar voltado para fora da organização.

É interessante que, nesse primeiro momento, seja promovido algum tipo de evento, palestra, reunião, algo que marque a pedra fundamental da transformação digital na empresa ou, então, um novo momento em que a empresa vai buscar a inovação com mais afinco. Isso pode ser direcionado para todo o time de colaboradores ou apenas para uma equipe que, a princípio, estará mais encarregada dessa jornada.

Em seguida, com o time já fazendo a curadoria de ideias de implementação de tecnologias digitais e com a cabeça fervilhando de possibilidades, é hora de utilizar o Canvas de transformação digital em *workshops* e sessões generativas, para que, da confluência de inspirações, surjam ideias de inovação que vão ao encontro das expectativas emergentes dos clientes. O Canvas de transformação digital pode ser utilizado como um instrumento em *workshops* para alinhar o modelo mental de todos presentes de modo a idear inovações, sempre partindo das expectativas emergentes dos consumidores e se ajustando ao direcionamento estratégico do negócio.

O Canvas de transformação digital será mais bem aproveitado se o time tiver algum conhecimento de tecnologias digitais emergentes, como *big data*, internet das coisas, impressão 3D, entre outras. Se ele não tiver conhecimento o suficiente sobre novas tecnologias, como as mostradas na Parte 4, talvez seja interessante sugerir a leitura desta parte para as pessoas do time ou, então, fazer uma apresentação que mostre um pouco de cada uma, como forma de deixar todos alinhados em relação aos conhecimentos básicos. Trazer exemplos de seu mercado nessas apresentações ou discussões irá facilitar a compreensão de todos.

Utilizar o Canvas de transformação digital em seus *workshops* irá ajudar bastante na tarefa de reorientar o foco da empresa para o cliente, como mostrado no *framework* da Parte 2. Em seguida, é hora de pensar em como as ideias geradas ganharão vida. Para isso, os passos seguintes do *framework* indicam a descoberta de métodos (mais) ágeis para se trabalhar e a formulação de hipóteses e experimentação, que tornarão o ambiente mais favorável a descobertas.

Bom, espero que este livro tenha sido inspirador e fomentado dentro de você a vontade de fazer a transformação digital acontecer. Fico desde já com muita vontade de receber notícias suas, contando como foi ser um agente da transformação dentro de seu negócio. Espero que um dia possamos compartilhar experiências sobre inovação e tecnologias digitais.

Antes de fechar o livro, assista ao vídeo que gravei dando mais dicas sobre transformação digital e alguns últimos conselhos:

RESUMO

Alguns dos pontos principais apresentados nesta Parte 5:

1. As pessoas podem encontrar diferentes motivos para não embarcarem em uma jornada de transformação digital e você deve compreender quais são os aspectos políticos e as pessoas que podem impor barreiras para a inovação.

2. O mais importante no processo de transformação digital é criar uma cultura que abarque a experimentação em suas operações, ofertas e

Cap. 35 • Integrando cultura, Canvas e tecnologias

modelos de negócios. A capacidade de operacionalizar experimentos irá tornar a empresa mais apta a propor mudanças no mercado ou a reagir rapidamente quando outras empresas forem bem-sucedidas ao fazê-lo.

3. Tenha consciência de que nem todas as pessoas vão encorajá-lo ou mesmo admirá-lo por querer desafiar o *status quo* da organização, sendo muito importante trazer as pessoas para seu lado, em vez de aumentar suas relutâncias.

4. Pensar em projetos desafiadores como guia para sua carreira pode trazer valorização e valer a pena financeiramente, no longo prazo.

5. Utilize as ferramentas apresentadas neste livro em conjunto, sempre tendo a percepção de que cada ambiente de negócio tem suas próprias características e que este manual pode, e talvez deva, ser subvertido sempre que necessário.

REFERÊNCIAS

1. ACCOR HOTELS. *Ibis opens the way to vibrant hospitality by putting the focus back on the human touch*. 2019. Disponível em: https://press.accor.com/ibis-opens-the-way-to-hospitality-focus-human-touch/?lang=en. Acesso em: 1º ago. 2020.
2. TILES, M.; OBERDIEK, H. Conflicting visions of technology. In: SCHARFF, R. C.; DUSEK, V. (eds.). *Philosophy of technology*: the technological condition an anthology. Wiley, 2014.
3. AAGAARD, A. The concept and frameworks of digital business model. In: AAGAARD, A. (ed.). *Digital Business Models*. Palgrave Macmillan, 2019. Cap. 1.
4. CLEMONS, E. K. *New patterns of power and profit*: a strategist's guide to competitive advantage in the age of digital transformation. Palgrave Macmillan, 2019.
5. SCHALLMO, D. R. A.; WILLIANS, C. A. *Digital transformation now!* Guiding the successful digitalization of your business model. Palgrave Macmillan, 2018.
6. SAVIC, D. From digitization, through digitalization, to digital transformation. *Online Search*. 2019, p. 43.
7. FURR, N.; SHIPILOV, A. Digital doesn't have to be disruptive. *Harvard Business Review*. 2019:94-103.
8. OSTERWALDER, A.; PIGNEUR, Y.; ETIEMBLE, F.; SMITH, A. *The invencible company*. Wiley, 2020.
9. OSTERWALDER, A.; BLAND, D. J. *Testing business ideas*. Wiley, 2020.
10. ASLANOVA, I. V.; KULICHKINA, A. I. Digital maturity: definition and model. *Adv Econ Bus Manag Res*. 2020, p. 443-449.
11. BUMANN, J.; PETER, M. K. Action fields of digital transformation: a review and comparative analysis of digital transformation maturity models and frameworks. In: VERKUIL, A. H.; HINKELMANN, K.; AESCHBACHER, M. (eds.). *Digitalisierung und andere innovationsformen im management*. Gesowip, 2019, p. 13-40.
12. WESTERMAN, G.; BONNET, D.; McAFEE, A. *Leading digital*: turning technology into business transformation. HBR, 2014.

13. ROAM, D. *The back of the napkin*: solving problems and selling ideas with pictures. Penguin, 2008.
14. WHALEN, J. *Design for how people think*: using brain science to build *better products*. O'Reilly, 2019.
15. LEVIN, A. *Influencer marketing for brands:* what Youtube and Instagram can teach you about the future of digital advertising. Apress, 2020.
16. GUPTA, S. *Driving digital strategy*. HBR, 2018.
17. PERKIN, N.; ABRAHAM, P. *Building the Agile business through digital transformation*. Kogan Page, 2017.
18. WIRAEUS, D.; CREELMAN, J. *Agile strategy management in the digital age*: how dynamic balanced scorecards transform decision making, speed and effectiveness. Palgrave Macmillan, 2019.
19. MOOTEE, I. *Design thinking for strategic innovation*. Wiley, 2013.
20. RIES, E. *The lean startup*. 1. ed. Crown Business, 2011.
21. CLOUD, G. *Business transformation with Google cloud*. 2020. Disponível em: https://www. coursera.org/learn/business-transformation-google-cloud/. Acesso em: 26 out. 2020.
22. LEGUM, B. M.; STILES, A. R.; VONDRAN, J. L. *Engineering innovation*: from idea to market through concepts and case studies. GmbH, 2019.
23. OSTERWALDER, A.; PIGNEUR, Y. *Business model generation*. Wiley, 2010.
24. OSTERWALDER, A.; PIGNEUR, Y.; BERNARDA, G.; SMITH, A. *Value proposition design*. Wiley, 2014.
25. MASON, H.; MATTIN, D.; LUTHY, M.; DUMITRESCU, D. *Trend driven innovation*. Wiley, 2015.
26. SINEK, S. *Start with the why*. Penguin, 2009.
27. WEILL, P.; WOERNER, S. L. *What is your digital business model?* Six questions to help you bild the next-generation enterprise. HBR, 2018.
28. BARNEY, J. B.; CLARK, D. N. *Resource-based theory*: creating and sustaining competitive advantage. Oxford University, 2007.
29. WINGFIELD, N. *Nintendo forms partnership to develop mobile games*. 2015. Disponível em: https://www.nytimes.com/2015/03/18/technology/nintendo-forms-partnership-to-develop-mobile-games.html. Acesso em: 1º ago. 2020.
30. ISAACSON, W. *Steve Jobs*. Simon & Schuster, 2011.
31. KINGSNORTH, S. *Digital marketing strategy*: an integrated approach *to* online. Kogan Page, 2016.
32. WESTAWAY, L. *Samsung says 2001*: a space odyssey invented the tablet, not Apple. 2011. Disponível em: https://www.cnet.com/news/samsung-says-2001-a-space-odyssey-invented-the-tablet-not-apple/. Acesso em: 1º ago. 2020.
33. SWAMINATHAN, A.; MEFFERT, J. *Digital @ Scale*: how you can lead your business to the future with Digital@Scale. Wiley, 2017.
34. ROSLING, H.; ROSLING, O.; RONNULUND, A. R. *Factfulness*: ten reasons why we're wrong about the world and why things are better than you think. Sceptre, 2018.

Referências 207

35. SADIKU, M. N. O. *Emerging internet-based technologies*. CRC Press, 2019.

36. GHAVAMI, P. *Big data analytics methods*: analytics techniques in data mining, deep learning and natural language processing. de Gruyter, 2020.

37. GORELIK, A. *The enterprise big data lake*: delivering the promise of big data and data science. 2. ed. O'Reilly, 2019.

38. MARR, B. *Big data in practice*: how 45 successfull companies used big data analytics to deliver extraordinary results. Wiley, 2016.

39. PEDDIE, J. *Augmented reality*: where we will all live. Springer International Publishing, 2017.

40. DIETRICH, D. M.; KENWORTHY, M.; CUDNEY, E. A. *Additive manufacturing change management*: best practices. Taylor & Francis, 2019.

41. SKILTON, M.; HOVSEPIAN, F. *The 4th Industrial Revolution*: responding to the impact of artifcial intelligence on business. Palgrave Macmillan, 2018.

42. MUELLER, J. P.; MASSARON, L. *Artificial intelligence for dummies*. Wiley, 2018.

43. RUSSELL, S.; NORVIG, P. *Artificial intelligence*: a modern approach. Pearson, 2016.

44. LEE, M. Robotics. In: FRANCESCHETTI, D. R. (ed.). *Principles of robotics & Artificial intelligence*. Grey House, 2018, p. 250-256.

45. NIKU, S. B. *An introduction to robotics*: analysis, control, application. Wiley, 2011.

46. BULLER, L.; GIFFORD, C.; MILLS, A. *Robot*. Dorling Kindersley, 2018.

47. MOSCHOVITIS, C. *Cybersecurity program development for business*: the essential planning guide. Wiley, 2018.

48. BROOKS, C. J.; GROW, C.; CRAIG, P.; SHORT, D. *Cybersecurity essentials*. Wiley, 2018.

49. DRESCHER, D. *Blockchain basics*: a non-technical introduction in 25 steps. Apress, 2017.

50. WARBURG, B. *How the blockchain will radically transform the economy*. TEDSummit. 2016. Disponível em: https://www.ted.com/talks/bettina_warburg_how_the_blockchain_will_radically_transform_the_economy. Acesso em: 1º ago. 2020.

51. FUTURE THINKERS. *19 industries the blockchain will disrupt*. 2017. Disponível em: https://www.youtube.com/watch?v=G3psxs3gyf8. Acesso em: 1º ago. 2020.

52. BAMBARA, J. J.; ALLEN, P. R. *Blockchain*: a practical guide to developing business, law, and technology solutions. McGraw-Hill, 2018.

ÍNDICE ALFABÉTICO

A

Adaptabilidade de projetos, 54
Aditiva, 165
Afeto, 98
Alegria, 98
Alimentos, 172
Amazon Web Services, 154
Apple, 88
   Watch, 12
Aprendizado de máquina, 170
Apresentação rápida de suas soluções
   (*pitch*), 76
Arquitetura, 167
Arte e *design*, 167
Automobilística, 171
Aviação, 167

B

Bandeira falsa (disfarce de marca), 120

Barraca de limonada (estande de vendas), 120
Big data, 145, 147
   5V do, 147
Blockchain, 184, 186
   aplicações de, 187
Business Model Canvas, 32

C

Caixa de cereal (embalagem de produto), 131
Campanha de marketing temporária, 123
Canvas
   de modelo de negócios, 63
   de transformação digital, 61, 63, 65, 202
Captura/criação de histórias do usuário, 49
Casa inteligente (*smart home*), 110, 157
Catarse, 59

Chief Innovation Officer (CIO), 32

Cibersegurança, 182

Ciclo *lean startup*, 57

Cidades inteligentes (*smart cities*), 157

Círculo dourado (*golden circle*), 67

Cloud computing, 151-153

    tipos de serviços de, 153

Comércio eletrônico, 188

Compartilhamento, 45

Confidencialidade, 183

Consumidor, 3

Controles

    compensatórios, 184

    corretivos, 183

    de detecção, 183

    preventivos, 183

Cover-up (produto concorrente disfarçado), 124

Criação de personas, 49

Criando rotinas de experimentação, 195

Crowdfunding, 59, 129

Cultura

    canvas, 201

    papel da, 31

Curadoria de ideias

    e soluções, 41

    inspiradoras, 91

Curioscope, 104

Customer-oriented, 47

D

Danit Peleg, 105

Digitais internos, 43

Digitalização, 15

Digitization, 15

Direcionamento estratégico, 67

Disney+, 27

E

Economia da expectativa, 96

Edição limitada, 128

Educação, 163

Eleve Saúde, 154

Energia, 188

Engenharia, 163

    civil, 167

Espaço(s)

    de compartilhamento, 43

    maker, 58

Expectativas emergentes, 95

Experimentação, 55, 56

Experimento(s), 113, 114

    bandeira falsa (disfarce de marca), 120

    barraca de limonada (estande de vendas), 120

    caixa de cereal (embalagem de produto), 131

    campanha de marketing temporária, 123

Índice alfabético

cover-up (produto concorrente disfarçado), 124

crowdfunding, 129

edição limitada, 128

ligação de vendas, 125

lista de espera, 121

lista VIP (teste de mercado limitado), 125

O turco (automatização assistida), 117, 118

on-line, 113

página de vendas (*sales page*), 122

pop-up store, 127

teste A/B, 123

teste de mercado, 127

vazamento de informações, 130

visite o decorado (protótipo em tamanho real), 131

Exploração espacial, 172

Expressão pessoal, 96

Extra, supermercado, 146

F

Fab labs, 166

Faber-Castell, 167

Fabricação, 165

Falha, 55

Finanças, 171, 187

Financiamento coletivo, 59

Foco da empresa no cliente, 47

Framework

para a transformação cultural, 35

VRIO, 82

G

Geração de ideias, 103

Gestão de cadeias de suprimentos, 187

Google Cloud, 154

Grupo ING, 53

H

Havaianas, 104, 106

Hermes Pardini, 77

Hilton, hotéis, 163

Histórias de usuários, 54

I

IKEA, 70

Imitação dispendiosa, 82

Impacto positivo, 96

Impressão 3D, 165, 166

Incubadora de tecnologia do Walmart, 134

Indústria

industrial IoT, 158

suíça de relógios, 12

Influenciadores, 43

digitais, 43

internos, 43

Infraestrutura (*infrastructure-as-a-service*), 153
ING, 51, 52
Iniciativa de transformação digital, 3
Inovação aberta (*open innovation*), 76
Inspirações, 87
Integridade da informação, 183
Inteligência artificial, 169
Internet das coisas, 157, 187
Intraempreendedores, 199
Iterar, 57
IZI Speak, 159

J

JBS, 188

K

Kickante, 59
KickStarter, 59

L

Lean startup, 57
LEGO, 58
Lennar, 109
Ligação de vendas, 125
Lista
de espera, 121
VIP (teste de mercado limitado), 125
Localiza Fast, 8

M

Manufatura, 163, 167
aditiva, 165
Marketing, 163
Méliuz, 48
Métodos ágeis, 51, 53
Microsoft Azure, 154
Mídia social, 171
Militar, 163
Modelos gerados pelos dados, 148
MRV, 149
MVP (*Minimum Viable Product*), 116

N

Natura, 98
EKOS, 178
Nestlé, 91
Net Promoter Score (NPS), 47
Nike, 26
Nintendo, 84
Novas tecnologias digitais, 73

O

O Boticário, 24
O turco (automatização assistida), 118
Organização para explorar, 82
Otimização da conversão, 55

Índice alfabético

P

Página de vendas (*sales page*), 122
People analytics, 33
Personas, 49
Pinterest, 41
Pivotar, 57
Plataforma (*platform-as-a-service*), 153
Poder do comando de voz, 159
Pollux, 75
Pop-up store, 127
Primeira Revolução Industrial, 141
Processamento de linguagem natural, 171
Processo contínuo, 3
Produto mínimo viável, 16, 116
Projetos menores e prazos ajustados, 54
Prototipagem, 166
PwC, 105

Q

Qualidade extrema, 96
Quarta Revolução Industrial, 141

R

Raros, 82
RCHLO+, 99
Realidade
    aumentada, 161
    estendida, 161
    mista, 162
    virtual, 161
Recursos e atividades-chave da empresa, 81, 98
Relutância, 197
Reuniões de progresso, 54
Robôs autônomos, 175, 178

S

Saúde, 158, 162, 166, 171, 188
Scrum, 53
Segunda Revolução Industrial, 141
Seguros, 187
Serviços de emergência, 163
Sistema(s)
    ciberfísicos, 141
    eleitorais, 188
    integrado de gestão empresarial (ERP), 40
Software (*software-as-a-service*), 153
Spotify, 89
Steve Jobs, 88
Superfeet, 105
Superinteligência artificial, 170
Surpresa, 98

T

Técnicas sombra e um dia na vida, 50
Tecnologia(s)

de reconhecimento óptico de caracteres (*Optical Character Recognition* OCR), 15

digitais, 4, 74

emergentes, guia rápido de, 139

mapeie a relação atual com a, 39

Terceira Revolução Industrial, 141

Teste

   A/B, 123

   de mercado, 127

The Not Company (NotCo), 172

The Verge, 42

Times multidisciplinares, 53

Toledo do Brasil, 84

TOTVS, 155

Transformação digital, 3, 6, 15, 21, 31

   fazendo acontecer, 193

   o que é, 23

   o que não é, 21

Transporte, 166, 187

Trendwatching, 42, 96

Valiosos, 82

Valor para atender às necessidades do, 3

Vantagens competitivas, 17

   a partir de tecnologias digitais, 18

Vazamento de informações, 130

Veículos, 158

Vigilância, 171

Visite o decorado (protótipo em tamanho real), 131

VRIO (*Value, Rarity, Imitability e Organization*), 82

Walmart, 135

Wired, 42

YouTube Music, 89